你的团队需要一个会说话的人

对内沟通，对外说服

[英] 凯文·莫里（Kevin Murray）◎著
吴晓静◎译

江苏凤凰文艺出版社
JIANGSU PHOENIX LITERATURE AND ART PUBLISHING, LTD

图书在版编目（CIP）数据

你的团队需要一个会说话的人 / (英) 凯文・莫里 (Kevin Murry)著 ; 吴晓静译. -- 南京: 江苏凤凰文艺出版社, 2018.1

书名原文: Communicate to Inspire

ISBN 978-7-5594-1497-7

Ⅰ. ①你… Ⅱ. ①凯… ②吴… Ⅲ. ①人际关系学②组织管理学 Ⅳ. ①C912.11②C936

中国版本图书馆CIP数据核字（2017）第301887号

书　　名	你的团队需要一个会说话的人
作　　者	(英)凯文・莫里（Kevin Murry）
译　　者	吴晓静
责任编辑	邹晓燕　黄孝阳
出版发行	江苏凤凰文艺出版社
出版社地址	南京市中央路 165 号，邮编：210009
出版社网址	http://www.jswenyi.com
发　　行	北京时代华语国际传媒股份有限公司　010-83670231
印　　刷	北京中科印刷有限公司
开　　本	690 × 980 毫米　1/16
印　　张	16
字　　数	200 千字
版　　次	2018 年 1 月第 1 版　2018 年 1 月第 1 次印刷
标准书号	ISBN 978-7-5594-1497-7
定　　价	39.80 元

CONTENTS

目录

第三部分　与激发行为的情感建立联系

第四部分　对外说服

第五部分　总结

前　言

当今社会，团队管理的要求越来越高，团队也面临着前所未有的挑战。我们所生活的时代充满不确定性与迅速的变化，需要不断地适应与创新从而确保自己的团队能够得以生存发展。

旧的规则与边界逐渐被摒弃，到处充斥着各种各样的商业模式、竞争者、技术及创意。新的公司形式及商业模式不断涌现；网络的发展、群众的智慧、协同型社会企业等。尤其是年轻一代，他们有着不同的期待。比起为了营生而工作，他们更关注工作的生机所在，让他们可以掌控自己所处的环境以及命运。对公司（或似乎远在天边的领导者）所具有的忠诚度正在逐渐消失，而这种忠诚度正逐渐转移到自己身上，或是离自己最近的人身上。无论如何，多样性才是标准，多样的工作方式、多样的团队及个人、多样的鼓励及期待。

这一变化意味着，在面对这种前所未有的易变且不定的经济时，各阶层的领导者将更难理解并管理这些趋势。如凯文·默里在本书中所说，领导力面临前所未有的考验，也彰显出其前所未有的重要性与价值。

由于面临的环境更加严苛，银行业及其他商业领域、媒体界、公共领域、政界甚至体育界时不时的爆料与丑闻，也使人们对领导力的基本信任也受到了严峻考验。对于批判型专栏作家，这个时期应该有许多素材可写。如果想从公司高管中寻找始终如一的领导或是具有坚毅道德感的人，那么结果可能不会令人满意。令人觉得可悲但却不出意外的是，根据英国商业道德研究所

（The Institute of Business Ethics）的数据，公众认为商业行为“非常道德”或“相当道德”的比例下降了 10 个百分点，现在持有这一观点的群众仅占 48%。

公司内部对于信任的观点则更令人担忧。CIPD 最近发布的一项研究表明，三分之一的员工对其高管的信任评级为“弱”。同时，该研究发现，信任评级与员工的等级正相关，高级经理人对员工与高管之间的信任度要高于非管理型员工。不过，这也是情理之中。

以这一主题为基础，凯文针对激励型管理者的促进要素以及管理者自身是否能够激励他人的研究也发现了相似的担忧。正如他在本书中所述，仅有五分之一的员工认为自己的老板十分具有激励性，三分之一的员工评价其领导不具激励性或给出更低的评价。

如凯文的阐述所表明的结果，鉴于信任与参与对表现的核心重要性，这些发现均为十分重要的关注点。近几年，人们对这些话题的关注度也逐渐提高。富有动力且具幸福感的员工，与企业的目标及价值观一致的员工，总是能够更富成效。关于这点，我们无须过多科学依据或数据，但我们似乎需要不断被提醒。神经学的最新研究、心理学关于积极心理学及行为经济学等新的研究领域现已成为主流——连英国政府及英国议会都已开始讨论国民幸福商数，并创建一个“推动”单位来关注如何进行大规模的行为变化。

这样一来，商业高层领导自然会加强他们对各层正确的领导能力及人才的关注，同时也会更加意识到自己在营造正确的文化、遵守公司的价值观、提高员工的参与度方面所发挥的作用。上级的指示及其沟通方式现似已成为常见的口头禅。如凯文所指出的那样，沟通确实已成为领导力所应具备的三大技能之一。

那么，答案又是如何呢？能确定的一点是，广开言路。

归根结底，团队管理在很大程度上仍是关于人。关于营造并传达一种目的的共识，关于参与、关于影响与激励，但同时也是关于信任自己的团队，并使自己的团队能够更高效地工作——进而获取成功，当然有时也可能失败。

以前那种领导力仅与领导有关的旧想法已被摒弃，现在我们所接受的是将领导力转交至公司的任一角落的这一新思想。富有魅力的领导者依旧存在，但我们可以看到许多能够有效地提升周围员工的参与度的其他类型的领导。那么，如何有效并强有力地实现这一点呢？

在凯文·默里的研究与经验中，他反复发现并指出的一点便是优秀的沟通能力。在本篇以及其他许多关于信任的研究中，当团队成员被问及怎样才能对管理者产生信任时，沟通则是建立亲切、一致、正直诚信的印象的渠道。更重要的是，他们认为沟通是一个双向的过程，好的领导者通常也善于倾听。

要通过沟通进行激励，并建立能激发信心与信任的一致性的领导者讯息，就需要通过许多渠道与平台。现在沟通联系的新方式层出不穷，表达的渠道以及更重要的倾听渠道种类繁多。推特（Twitter）诞生于 2006 年，但 5 亿多的用户每 5 天就能发送 10 亿多条想法、评价、玩笑以及观点。推特现已成为领导者认可的讨论及参与的常用平台。此外，还有博客、领英以及许多其他表达与曝光自己的途径。

员工、顾客、股东以及其他利益相关者现在都会期望通过这些渠道来看到及听到领导者的观点。他们希望领导者能够是“开放”“真实”的，希望他们能够展现完整的自己，或是“更好的自己”，同时能够更多地倾听，而不是照本宣科的音箱。

对于年轻一代，则更是如此。这一代的年轻人自己本身在这些沟通渠道及团体中便高度活跃，因此他们希望自己的老板也是如此。尽管我相信这些沟通方式，但我发现自己曾经需要被压迫着进入推特世界。一旦进入这一世界，便更容易接受这样的情况，但我们这些并非出生于数字时代的人更容易对这种情况望而却步，觉得不自在，至少在最一开始会有这样的感觉。凯文的书中关于为什么领导者需要加入社交媒体的这一章节，对于我们而言是个十分重要且有益的提醒。

那么，我们应该沟通些什么？首先，我们可以表达自己个人层面的意义、目的以及价值观，当然也可以表达公司层面的。若无这层理解，各级员工若对此不认可，那么便缺乏参与的黄金线。正如凯文频繁发现的那样，最佳的领导者会以故事及案例的方式将这些呈现，而且他们会对反映这些目的及价值观的行为进行明显的认可。

本书对团队管理者应如何进行沟通及激励作出了极佳的观察。它延续了作者上本书《领导者的语言》（*The Language of Leaders*）的成功。我们在作者的第一本书中从不同公司许多不同的领导者身上学习，使得我们获益良多。这些领导者分享了许多共同的见解，但同时也反映出了他们具有个人特色的沟通、激励、参与的方式。在这本《你的团队需要一个会说话的人》中，凯文将这些要点整合成模型，设计出优良的实践范本以供我们进行融会贯通，从而实现进一步发展。

假如信任与激励确实如此短缺，那么本书的到来不仅恰逢其时，更是意义重大。

皮特·切斯

英国特许人事与发展协会首席执行官

CHAPTER 1

第一部分

沟通时代的影响力

01 说话便是工作

随着时代的改变，团队中所面临的最大困难并非缺乏专业知识，而是无法管理公司内外的人际关系。在新型社会中，谈话也是工作内容之一，信任是战略性资产，而关系则是成功的引擎。

你是刚获得一个新的领导角色？或者你是否渴望获得更高的职务？无论怎样，你所面临的挑战都在于要通过他人实现你的目标。

他们怎么想？是否清楚需要做的事情？他们是否足够了解其他同事的工作以便妥当地进行配合？他们是否拥有所需的资源？行为动机是否正确？是否有正确的使命感及价值观来引导自己的行动？他们是否觉得自己受到了重视与尊重？对于你所期望的顾客每次与他们互动后的感受，他们又是否了解？他们是否清楚自己所做的事情的重要性？他们又是否真的在意？

如果你能赢得自己追随者的情感承诺，并激励他们实现超乎原定设想的成果，那么，你便能真正成为一名新型领导者。一名新世纪的领导者。

今天，要想在团队中成长为一名杰出的管理者，便必须成为一名优秀的沟通者。因为领导力的全部便是关于关系与对话。而关系则是关于信任、关心、担忧、理解以及经常的沟通。无论是与你所领导的团队内成员或团队外人员之间建立的关系，道理都相通。对于领导者而言，最具价值的便是关系的质量，而这些关系若要发展，只能建立在持续且优质的沟通之上。

对话推动变化

成为“优秀的沟通者”，并不意味着你必须是十分出色的演说家或是很有魅力的说话者。我所指的是，在当今社会，你需要成为一名优秀的对话者。你必须学习使对话更具重要性，能推动变化，并能激励人们来支持你或激发他们更好的表现。此外，假如你想成功，便必须一天进行好几次对话，每天皆须如此。假如不是你自己进行这些对话，你需要确保团队中其他所有的领导者们能做到这点。

你无须站上讲台，一鸣惊人。即便你成功地在讲台上激励了员工，这种激励也只是短暂的。只有持续的对话才能产生那种改变一切，让人们改变方向并承诺赴汤蹈火的激励效果。

绝对透明的现代社会在过去五年中对领导力产生了巨大的改变，并极大地强调了对信任及关系这类无形资产的管理，继而更加强调了杰出沟通的重要性。

为了创作我的第一本书——《领导者的语言》——我访问了来自全球各种私企、慈善团队以及十几家公共组织的70多名主席及首席执行官。我清楚地了解到现代领导者需要学习更加重视公司内外的关系，并与这些关系实现更好的沟通，从而建立信任这一成功领导的核心先决条件。想要在透明时代存活并发展的团队必须要将建立信任放在其战略的核心位置。

对话即工作

对话推动变化，关系是成功的引擎。这是两个如此简单但却强有力的观点：换句话说，对话即工作，信任是战略资产。正因此，我所对话过的领导者都表示沟通现已成为领导力的“首要三大技能”之一……但他们担心未来领导者缺乏对这一技能的培养以及足够的重视。

确实，营销协会（Marketing Society）与埃森哲（Accenture）近期的一项研究通过对40位首席执行官的深度访问，也表明了沟通与战略性思考及顾客导向是构成领导力的三大重要因素。“在这个给 YouTube 上面的视频‘点赞’的人比在选举中投票的人更多的时代，数字世界对消费者的大规模赋权显而易见。团队将越来越难掌控人们对他们的评价。”营销协会如是评价道。面对这种情况，领导者们便须清晰地与顾客、股东、分析师、媒体及其职工进行沟通，从而激发动力。

但要切记：无论你对团队外人员做出了何种承诺，若你不能说服并激励团队内的成员，承诺便永远无法实现。

为什么？因为除非受到激励，否则团队成员会自主保留一定程度的努力与付出。但这种“自发努力”可能就会导致足够绩效与杰出绩效的差异——并且可能是导致领导者成功或失败的原因所在。

不管怎样，与我对话过的每一位领导者均描述了在这个透明与充满监视的新时代，名声是他们的重要资产。在这个 7 天 24 小时内新闻不断的世界，社交媒体总是在线，不实信息会如同病毒般传播，人们可以在任何设备上迅速查到世界上任何一个地方的信息，速度是商业的新型通货。在这些条件下，领导者——无论处于什么级别——是一个高要求、强度高、风险大的角色。

速度是商业的新型通货

由于互联网的普遍，公众与媒体的联系不断增强，促进了定义当今社会的速度。而这反过来则促使我们需要对团队进行改革，从而努力提高团队内部的灵活性。这也是强调更多更有效的沟通的另一因素。

考虑下以下因素：

* 全球现代沟通的绝对速度；

* 沟通渠道的惊人增长，尤其是数字渠道；

* 影响方式的迅速改变，公民及顾客权利的增加；

* 股东们提升的期望，尤其是对迅速反馈的期待；

* 数字技术及新型赋权观对利益团体迅速造成的新改变；

* 监管增加，所有后续沟通要求；

* 记者们对信息迫切的追求，商业报道的市井化；

* 对商业、即沟通、政治家、媒体信任的下滑，伴随着对同辈、家人、朋友，以及通过互联网连接的陌生人的信任的提升。

新型领导力是成功的关键

优秀的领导是团队效率与社会经济繁荣的关键。但是——由于各种影响因素——优秀领导者的传统模型正不断变化。因此对领导力的培养方式也应随之改变。欧洲领先管理机构——领导管理学院（Institute of Leadership and Management）近期对来自全球的企业人力资源专业人士进行了调查，他们均强调未来领导者须拥有一系列独特的个人特点。他们现在寻求的对象均为有远见、有干劲、能鼓舞他人、情商高、可靠、勤奋、有野心的天生领导者与沟通者。

领导管理学院表示："人力资源需要能够理解他人、鼓舞他人、激励他人的领导者。而拥有鼓舞激励他人的能力是招聘高管时通常会强调的一个重要特质。"

力量、头衔，甚至能力都不再足以使你成为一名优秀的领导者。只有具备获得被领导者们的忠诚与信任并加以保持的能力，你才能成为一名杰出的领导者。这意味着不断增加其生命价值，从而建立起纽带，以克服无可避免的问题、挫折、阻碍以及激烈竞争。

追随者们在了解你的在意程度之前是不会在乎你对情况到底了解多少。

理性的争论及理解无法与强烈的情感或哲学定位相比。杰出的领导者能够为各种类型的人提供共同的目标与意义。良好的人际关系需要耗费大量的经历与付出，但信任可以将不同的人维系在一起——然而信任的建立需要花费大量时间，但是瓦解却可能仅在一瞬间。

高情商沟通是成功领导的关键因素。我相信迄今为止，绝大多数领导力有效性均与真诚、正直、开诚布公、同理心、倾听技巧等情商相关，而与智商或技术能力相关性则较低。对于某些领导者而言，改变未来的最大障碍并非缺乏相关专业技能，而是关系管理的失败与糟糕的沟通。

真正的沟通源自你的品格

我一直致力于帮助领导者更有效地传达信息。曾有一度，我错将关注点放在内容上，有时会忽略其真实性。真正的沟通源于我们自身，并且在表达我们的价值观与情感时最具效力。因此，如何使自己的表达方式更具情感也成为影响我们成功的关键性因素。

英国兰卡斯特大学（Lancaster University）的工作基金会（The Work Foundation）是有关职业与未来规划的领先独立机构。根据该机构近两年的研究《超越期待》（Exceeding Expectation）：优秀领导的原则表明杰出的领导者渴望高绩效、并且近乎偏执地重视人们实现高绩效的方式。该研究显示了好的领导与杰出的领导之间的显著差异。

研究表示："现有证据有效表明，存在实现高效领导的系统性人本方式。这对于大多数仍关注数量的领导而言是个范例式的转变，并且对所有想要提高绩效的团队而言均有影响。"

研究结果显示了好的团队领导者与杰出的团队领导者之间的一些巨大差异。例如，所有的领导者都会谈论让他人参与到实现愿景中的重要性，但杰出的领导者在谈论愿景时会表达更多深意与更高的目标，将其视为能够鼓励员工付出与参与的动人号召。好的领导者更可能认为愿景仅用于使人们联系在一起实现一系列目标。在讨论到创造良好的工作环境时，所有的团队领导者都明白需要有信任、尊重与真诚。但杰出的领导者明白如何将这些因素融合从而为超常的绩效创造条件。

为有意义的对话创造空间

杰出的团队领导者更易发现行为与结果之间的联系，并且更可能为“有意义的对话”创造空间。“杰出的领导者深知以人与关系为中心，而非仅是以人为本。”工作基金会如是表示。

“好的领导者与杰出的领导者均寻求创造令人叹服的愿景，遵循自己的价值观，并关注个人。但杰出的领导者对领袖气质的关注较少。虽然他们意识到积极正面的形象很重要，但他们认为不断创造目标更为重要。他们知道自己与他人的相处方式将影响他人对愿景的追求。

杰出的领导取决于为员工及团队的长期利益而历时建立的信任与正面的关系。杰出的领导者会花费大量时间与他人交流，从而了解哪些是促进因素以及他们是如何激发他人的热情。”

同时，他们也会花费很多时间来为团队的方向增值并建立共同的价值观体系。

个人与团队目标的联系十分关键

培养共同使命感即指确保员工确切理解自己要做的事，并将其日常工作与公司的成功联系在一起。激励他人指的是鼓励他人发展自己的想法，寻找新的问题解决方案，并尝试新事物——以追求团队的目标。

但是，信任仍可以说是成功的最重要因素之一。信任程度高的团队能够获得更明显的经济利益。信任与道德以及领导者为创造团队的文化道德观的行为直接相关。坚守道德不仅是正确的行为，更能够带来绩效效益。

因为信任是任何层次实现有效领导的必要组成部分。信任能够激发他人的参与度与动力，并能够有效提高团队的绩效。

团队成员对领导者的信任提升

领导管理学院曾对领导力信任进行了研究。该信任指数表示员工对领导者及基层管理者的信任程度。值得欣喜的是，2009 年至 2011 年的 3 年间，团队其他成员对基层管理者及领导者的信任程度有所上升。

然而，员工若感觉对自己与团队领导或高管的距离越远，这一信任便可能越低。若团队领导者越常被见到言出必行，开诚布公且善解人意，那么他们就更可能获得员工的信任。通过学院的研究很明显可以看出，领导者们在这些方面都付出了更多的努力。该报告表示：

“然而，仍有很大的改进空间。信任是最根本的领导力因素；再多都不为过。信任指数强调了领导者们为进一步提升自己的信任资本可以注意的几个方面。为了不断拉近自己与员工之间的距离，他们可以提高自己的‘出镜率’，并与员工建立良好的关系。为持续关注良好的沟通、‘出镜率’以及亲和力，领导者们需要在这条道路上不断努力。”

然而，领导管理学院对基层管理者所获得的信任评分表示担忧。“基层管理者对于员工而言总是更为常见。因此，我们会期望员工们对基层管理者的信任会远高于对高管们的信任。但最新指数表明基层管理者们在改善其信任资本方面却并没有跟上节奏。”

领导管理学院表示，导致这一现象的主要原因之一可能是基层领导者缺乏在沟通方面的支持与发展。首席执行官及高管更易获得行政教练、公关、品牌顾问、沟通专家等支持团队对其行为的指导，远远超出较低层次的管理者在相关方面所获得的支持与发展。但基层管理者们的能力与技能方面的缺点却更易被察觉。

银行业危机余波，英国石油公司泄漏事件、电话窃听丑闻以及许多其他事件使信任土崩瓦解，因此领导管理学院也探索了道德在建立信任中的重要性。它表示："道德因素对于员工而言日益重要，我们预计这一趋势的发展将更加迅速。显然，更有道德的管理者与领导者会被人们认为更值得信赖。这也强调了提高团队、员工、管理者及领导者的道德观及道德方式所明显具有的信任利益。"

获得信任红利

"我们的研究表明，能将道德观融入其运作核心的团队能够获得额外的信任红利。这一红利将注入团队成员的参与度与付出程度，从而提高团队的绩效。"

道德、关系、信任、声誉——甚至领导力自身——都是无形资产，对于任何团队而言均具有惊人的价值。它们是产生竞争优势及超常经济回报的来源——甚至可能超乎一些基本经济规律原理。

例如，对机器或建筑等有形资产使用越多，你所获得的边际收益则越小。但是，对于品牌、声誉、关系等无形资产，情况则恰恰相反。因此，问题的关键在于：团队领导者现应如何看待、衡量、监督并管理这类无价的"软"资产？

02 用沟通来管理无形资产

新型经济中，所谓价值，与以往不同。无形资产是潜在的黄金，重视无形资产的人将在团队竞争中脱颖而出。无形资产，到底是什么？你又应如何衡量、监督、管理这些无形资产？为什么这些“软”资产需要不同的并且更优秀的沟通技能？

如何衡量团队成员情感的价值？又或者说团队成员的感受是否值得关注？你所在的部门或团队的文化是否团结并相互支持？团队内外的所有重要关系是否良好？你的顾客是否重视你提供的服务与支持，他们是否成了你的回头客？如果你想扩建工厂，你能否依靠当地团体的支持？你的企业名称是否广为人知、深受喜爱并受人称道？

你可能会认为这些问题很奇怪，但这些问题日渐重要，因为这些问题的答案对与领导有效性具有强大的正面或负面的影响。

对于这些问题的回答能够极大地反映你的无形资产的状态。这些资产无法像工厂、车间、机器、库存、设备或房产等以传统方式进行衡量。无形资产是竞争优势与长期发展以及财富创造的基础——是领导力“烦恼”情绪的一面。我说这是“烦恼”的一面是因为人们对这类资产对认知随时会发生改变，若这类认知恶化，则可能导致大量价值的损毁。

在这个绝对透明的社会下的新型经济中，我曾看过数据显示超过 65% 的市场价值由无形资产所决定。根据我曾看过的报告，全球所有上市公司的总值约为 500 亿美元。这意味着无形资产的价值超过 300 亿美元——而这数据尚未将全球的私营公司包含其中。如此庞大的经济价值！但问题在于，领导者们并没有花费相应的时间来管理这些软资产。即便是对于公共事业或慈善机构的领导者来说，无形资产也是其成功的重要决定性因素。

在竞争中脱颖而出的团队通常越来越少是因为在市场占有率、产品分化及价格等竞争优势上做文章，而是越来越多地因为领导重视并发展无形资产而得以实现这一点。

积极的情感促进绩效提高

我经常听共事的人说，不能指望或衡量团队成员情感这类无形的东西。你又是如何呢？然而，所有研究均表明积极的情感在高绩效的工作环境中更为普遍。当人们与公司有着强烈的情感联系，当他们觉得自己受到了重视，被赋予了权力，受到了鼓舞与支持时，他们更易感到欢乐、自豪、高效。无法实现这点的公司更易充斥着消极的情感，高度压抑、焦虑、缺乏信任。

因此，在新型经济中，价值已与以往不同。比起车间与设备等固定可量化的资产，人们更常用创意、关系、知识等无形资产来衡量东西的价值，甚至是其未来绩效。由于无形资产很难进行衡量，因此它们很少受到同样精密的管理。但这些方面的投资回报则可能创造高出许多的红利。

很少有管理者会说自己的公司精通绩效的关键非财务指标的监控，更别说对这些指标进行有效管理。根据我的经验，管理层与董事会倾向于将他们的精力集中到预算及运营绩效，而将品牌、关系、知识与人才视为理所当然。

不过，人们逐渐意识到这些无形的东西可能是潜在的黄金。其中，最具价值的无形资产便是团队中的人才。他们会大谈为什么人是他们的唯一资产，但这不过是个大错特错的浅薄之言罢了。不是团队中的所有人都可称为资产。浪费时间的人、偷懒的人、负能量的同事、拒绝改变的人，这些绝非资产。

只有勤奋刻苦、饱含激情，自发努力帮助实现目标的人才可真正被称为资产。

若带团队的人能为这些人创造可以大展拳脚的环境，那他们便可以千百种不同的方式对竞争优势产生影响——如提高产量、提高效率、亲切待客等。

声誉则渐渐被认为不仅是关键的无形资产，也是财富生产者。最受赞誉的公司的股东回报总额远远超出一些名声不佳的竞争者。正面的声誉能够促生高销售额，让人愿意广为传播，并有助于建立与供应商及合作伙伴的良好关系，同时能够吸引到最优秀的人才。与政府及监管部门的正面关系对业务及其成本将有着巨大的影响。

因为有力的品牌或声誉，加上正面的支持关系，能够极大地改善运营环境与成功的概率（见图 2.1）。而这继而会转化为更优的绩效，从而促生更高的经济回报与增长潜能。这一情况反过来能够进一步提高声誉，提高人们的估值——尤其是对无形资产的估值。这样一来，便能够创造更大的财务价值、更优的股本回报，以及最终的：可持续的成功。这是个非常良性的循环。

无形资产能够提供潜在的竞争优势，但作为资产，它们显然需要专注的领导力与突出的沟通技巧。作为一名领导者，你传达战略的能力取决于顾客关系、品牌与声誉，以及最重要的，你与员工之间的关系。而这所有的一切都取决于优秀的沟通能力。

2001 年 5 月，英国贸易工业部公布了一份名为《从无形资产中创造价值》（*Creating Value from Your Intangible Assets*）的特殊报告。在我看来，这是一份十分超前的报告。该报告迄今仍可在网络上查到，并且对于所有领导者而言仍是一份无价的财富。

报告中称："实践中，没有什么竞争优势是无法被竞争者模仿及赶超的。公司在这一情况下要发展壮大，最终须取决于其从无形资产中创造价值的能力。"

未来的成功取决于明确并开发这类无形资产，并对其加以利用。这些无形资产包括哪些呢？该报告明确了七项：

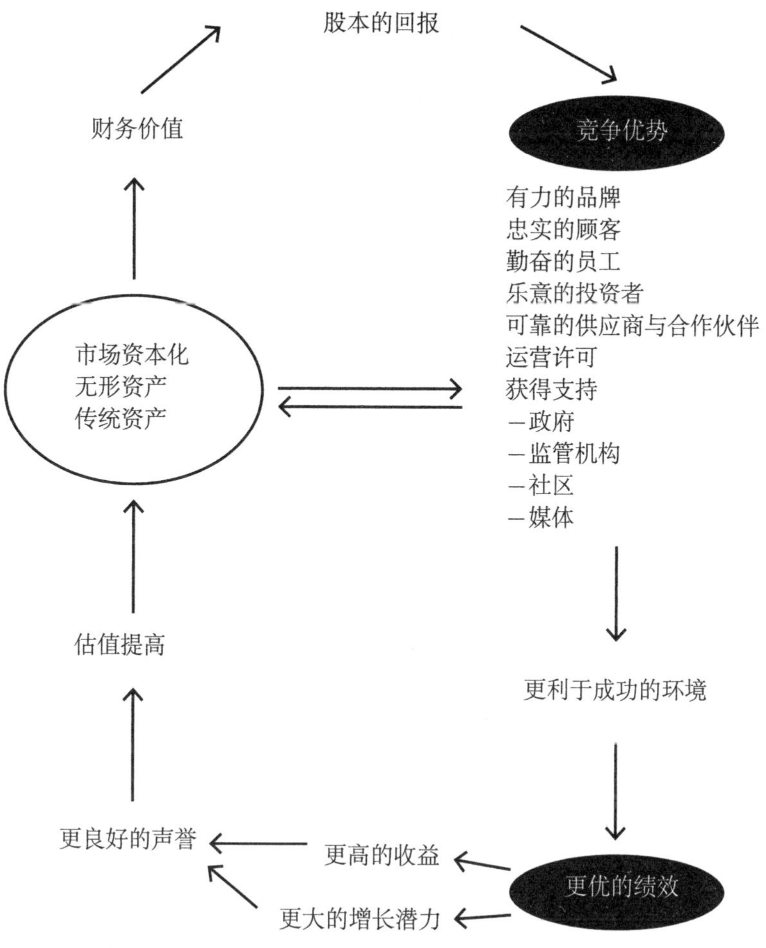

图 2.1 可持续成功：良性循环

* 技巧与能力
* 程序与制度
* 知识
* 文化与价值观
* 关系

* 声誉与信任

* 领导力与沟通（见图 2.2）

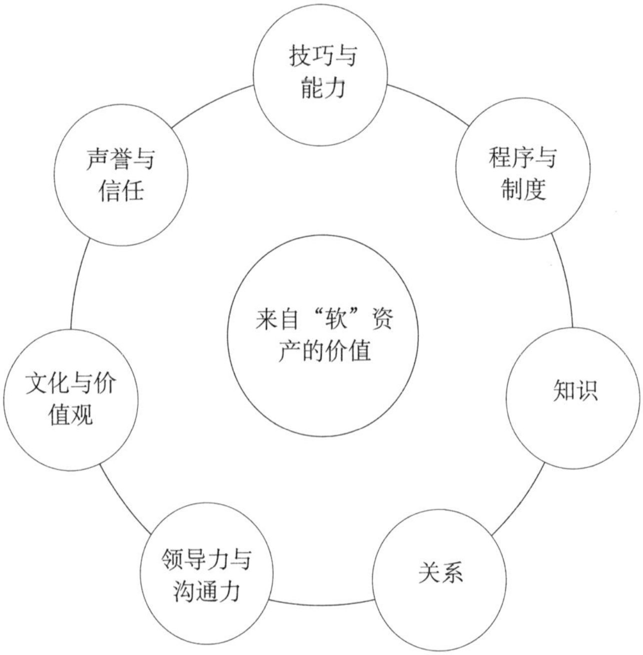

政府报告

图 2.2　无形资产创造竞争优势

人的价值是贯穿整篇报告始终的主题，不过该报告主要关注拥有正确技巧与能力的人对公司是否能够满足并超越消费者需求并发挥其全部潜能所具有的重要性。吸引、培养并留住合适的人才，使其可以大展拳脚，这些对于公司的可持续发展而言均极为重要。

而这些人的行为，以及是否有适合的程序及制度对其予以支持则是另一个关键的无形资产。团队如何开始运用知识来设计合适的程序从而向所有的关系传达价值，这通常会是一个巨大的竞争优势。

“在这个信息爆炸的时代，大多知识都绝非独有。好的想法可能会被抄袭，好的工作方式可能会被模仿。拥有知识仅是完成了等式的一半，将知识放在团队中，为需要的人提供获取途径，这才是在关系中创造价值。”

新的工作方式可以迅速被复制，这使得文化以及团队价值显得至关重要。对于任何公司实现目标的能力，一个关键性因素便是该公司能否激励它的员工，提供杰出的产品及服务，并有效地连接抱负以及所有重要的内外关系的价值。

“成功的公司知道文化与价值是能够帮助它们，在恰当的时间以妥善的方式完成任务，从而获得正确的结果的宝贵资源。”

该报告将声誉与信任视为特殊的无形资产。报告表示，无论是在哪个行业、哪家公司，如果你在股东们中的声誉以及他们对你的信任都较低，那么即便你能提供最佳的产品或服务，都于事无补。

通过优质关系获得的竞争优势

英国贸工部的这份报告表示：鉴于以上原因，因此只有制定有效的战略，管理并维护与股东的优质关系，团队才有这可能指望其完全发挥潜能。

“成功的公司会不断巩固现有的关系——无论内部或外部——从而追求竞争优势。”

无论是内部或外部关系，可持续的关系须依赖于一方向另一方所持续提供的价值，或至少是价值预期。

“你的公司若想在这方面发挥最大潜能，那么除了考虑如何发展并改善现有关系外，你还必须谨慎考虑如何发展并改善未来成功所需要的关系。”

鉴于这些原因，领导力与沟通显然可能已成为最重要的无形资产。

“假如公司想要完全发挥增长潜能，那么它便必须设立清晰的目标及价值观，并将其渗透入整个团队。而要实现这点，则必须要有强大的领导力与有效的沟通。这并非仅指员工们需要理解自己应该做的事，更是指员工们因相信自己所做的是正确的事而奋身投入。这不是简单的理解任务说明及目标，而是需要对情景的更深层次的理解。”

2012年，国际注册会计师协会与英国管理会计师协会发布了一篇名为《重启商业：重视人力维度》（*Rebooting Business: Valuing the human dimension*）的报告。这两家全球最知名的会计机构向280多名首席执行官调查了，他们对当前全球性挑战这一话题的看法，以及他们所认为的领导解决这些挑战的首要任务是什么。

研究结果显示是人力维度——与消费者、员工、合作伙伴及社区的关系——这些是促使事物再度发展并维持长期可持续发展的关键所在。报告称：

“我们大多数人觉得自己被困在庞大且不确定的事物之中。我们所知道的——过去指导政商的范式——已被全球化、创新、全球金融危机的余波所带来的急速变化给破坏了。”

了解无形价值的首要挑战

会计报告总结道：“280位首席执行官认为首要挑战在于了解价值——它的来源及其数量。他们认为人们的创意、技能、知识及关系代表着他们公司独有的价值。虽然衡量和管理人力维度难度很大，但对于想要取得长期可持续成功的公司而言十分有必要。

在这个充满不确定性的世界中，我们可以确定的一点是人——他们的创意及关系——具有前所未有的重要性。公司若秉持开诚布公透明的理念，那么便可以创造价值，因为这样可以帮助团队建立更优更具价值的关系。然而，我们需要提高自身对人力价值进行衡量与促进的能力——因为人力价值的显现有时会需要很长时间，我们必须克服现有的对短期领导的关注。”

人们逐渐对现代社会绝对透明的价值观加以特殊关注：“透明有两种呈现方式。第一，公司可以采取公开诚信的方式来汇报他们的行为，并以获得投资者与其他股东更多的信任作为回报。虽然透明会给公司对各方面运营取得可接受成果的管理造成更大的压力，但它能使股东们更好地理解公司的运营。

第二，各团队发现，即便它们已付出了最大努力，但现在想要在不破坏公司名声的前提下，保密或保持信息不对外公开已日渐艰难，因为名声的发展难以预料。在这个仿佛没有什么是私密的年代，首席执行官们将透明视为增长的关键性动力。但这同样也是个费心思的行为，因为要找到公开与保护商业敏感信息之间的平衡也不是件易事。但关系最终仍是要建立在信任与公开的基础之上。”

透明已改变领导力的性质

在这本书中，绝对透明也是一大重要主题。

声誉的重要性从始至终从未改变，但现今却可能在瞬息之间便变得声名狼藉。前渣打银行主席、Chime 通信主席兼前政府大臣戴维斯勋爵认为沟通在现今社会中具有极大的重要性："新闻传播如此迅速；好消息或坏消息都可以在瞬息之间传全各个大洲。这改变了政治的性质，也改变了商业的性质。这意味着无论你在哪里做什么，可能有人正通过中央监控、YouTube、手机上的摄像头等着看你。在我们现今所处的社会中，微小的行为也可能会造成轩然大波。”

英国建筑巨头 Taylor Wimpey 董事长，全球支持服务集团谢科公司（Serco）前董事长凯文·比斯顿（Kevin Beeston）说："现在每人都随身携带相机。每个人的手机都带有录音或摄像功能，因此不能掉以轻心。一旦犯错，那么可能在劫难逃。

但反之亦然——如果你能够很好地把握环境，那么便可拥有更多传达信息和建立品牌的渠道。强大的品牌对于一家公司而言可能是它所拥有的最重要的竞争优势。因此，若能对其进行有效的把控，那么便可极大地促生股东价值。”

全球啤酒巨头南非米勒（SAB Miller）上任首席执行官格拉哈姆·麦基（Graham Mackay）表示，现代社会对领导者提出了更高的要求：“商业与公开的民主十分相似。人们希望能够获得更多信息，并将其视为民主的组成部分，在这一民主中他们同意接受领导。如领导者与员工沟通的需求日益增加一样，监管审查也在加强，全球性非政府团队及24小时媒体也在不断发展。你必须要时时刻刻展现自己，并解释公司及自己的行为。”

学会接受透明

团队必须接受透明的这种情况，并处理好数字时代不断增长的沟通期望。这意味着他们需要将声誉管理提上日程的首要位置，与建立信任关系的需求比肩。要实现这点，人们必须更清晰更经常地进行沟通，并坚信现今的沟通与迅速发展的故事与对话相关。

现在团队领导者们的沟通需求更高，需要他们能够面对更多的观众，甚至是更广的渠道。但若能够很好地把握这一情况，便能够拥有更多途径来传达信息并创建一个共赢的优秀团队。

领导力与信任相关

英国零售商玛莎百货前董事长，网上超市奥卡多新任董事长斯图尔特·罗斯爵士（Sir Stuart Rose）称：“对于领导者而言，建立声誉与信任是每日必修，这便使得沟通也成了每日必修。”

与其他可能的管理软技能一样，沟通已被忽略了太久。这个问题不仅会影响企业的财富，也会影响国家的繁荣。

斯图尔特爵士表示：“这些改变均要求更为坦诚的领导。我们绝对需要更多开诚布公的对话、更积极的社会参与、更高的社会责任意识、更强的可靠性……领导力不仅仅是产生正确的结果，而是要在团队中奠定正确的基调。领导力与企业的特性相关，与你所代表的事物相关，与信任相关。”

我们似乎每天都能看到信任程度的不断下跌。因此，企业领导者更加断定需要重塑信任，而他们应该对此感到焦虑。信任就是金钱。它能增加现金流、提高估值、加速市场化、提升竞争优势。若无信任，所有的事情都要花费更长时间，并会更加复杂且通常会有更高的成本。

加利福尼亚克莱蒙特研究大学神经经济学研究中心主任保罗·扎克（Paul Zak）称，人与人之间的信任是一个国家财富与繁荣的有力预测器。他如是表示：“高信任度国家比低信任度国家发展更为迅速。信任确实是一种经济润滑剂，可使政府、社会及经济均良好地发展。”

因此信任十分重要，也是进步的必要条件。信任源自员工，但恢复信任其实是个误导性的概念。很难想象有什么办法能达成这个概念。关于信任，我们忽略的一点是，信任是从关系中产生。更合适的定义应该是，关系是成功的引擎，我们需要关注重要关系的状况。关于这点，我们可以有所作为。要在关系中营造一个信任的氛围，情商必不可少。知道如何与员工、消费者、供应商、地方社区、社会及股东建立正面的关系现已成为长期成功的基本要素。

关系受损是最大的危机

最糟糕的危机并非声誉扫地，而是不良声誉所带来的后果——关系受损。因此，你可能会争论说声誉管理实际上就是管理关系这一无形资产周边的风险——因为公司的未来需要依靠这些关系。而如果均是与关系相关，那么我们便需要花费更多时间来根本地了解这些关系，以及这些关系中信任的促进因素。这意味着需要在衡量与监测上花费更多时间（科学）。在这一理解基础上，我们会在与人建立关系以及沟通方面投入更多正面情感（艺术）。

信任是一种情感，对于我们未来的经济状况十分关键。信任是一种正面的情感，并非负面情感的消失。我们只有在需要投入更多情感于决策时，才会对信任进行修复。

最重要的一点，团队与领导者的实践比其言语更为相关。人们的行为、对待他人的方式、是否信守诺言等皆与其相关。杰出的领导力对决定团队的声誉愈来愈重要。市场对领导者的认知实际上会影响股价。德勤会计事务所 2012 年发表的报告《领导力溢价》（*The Leadership Premium*）显示，有效的领导能够将公司估值提高近 16%。

根据英国、美国、中国、印度、日本、巴西的领先市场分析师的调查显示，高管的质量——包括核心能力，诚信正直等个人品质——对于分析师评价该公司是否成功以及未来是否成功等均具有可观的直接影响。

根据该报告，分析师对公司进行估值时，领导的质量会对结果造成高达 16% 的正面影响或是达 20% 的负面影响。因此，优质领导的公司与劣质领导的公司之间估值差距可超过 35%。

德勤在报告中评价道："一个团队要想获得长期成功，则需要对其目标以及实现目标所需的资源、能力及动力有个清晰且鼓舞人心的展望。它还需要有相应的文化，能够对新想法予以支持，并能够促生强烈的归属感与使命感。这些条件的形成绝非偶然。有效的领导者们将这些要素融入团队，而分析师们则察觉到了这点。"

无论领导的团队是什么类型，无论团队有多庞大，称职的领导者们都清楚，是无形资产为成功创造了平台。这些无形资产包括：技巧与能力、流程与制度、知识、文化与价值观、关系、声誉、信任。这些资产能否充分发挥取决于我认为最重要的无形资产：领导力与沟通。

若是关于领导力与沟通，那么我认为归根结底：你是否与重要关系中的他人进行了良好的沟通以激励他人为你提供支持，为你的愿景和目标努力，并付出额外努力来获得更优的结果呢?

03 激励型团队沟通的 12 条原则

在来自全球各公司、慈善机构、公共组织的 70 多位主席与首席执行官眼中，真正的激励型团队沟通的要素是什么？这些原则对信任、参与度、关系以及声誉会有哪些益处？

如何改善作为激励型沟通者的表现，并化团队中不良的绩效为杰出的成果？

答案是：学习由来自各大私营公司、全球性慈善机构，以及十几家公共组织的 70 多位主席与首席执行官们总结出的 12 条激励型领导沟通原则。我对这些人进行了采访，并将我的发现与全球上千名其他领导者与管理者们进行了讨论。

这 70 多位领导者的领导经历加起来可达 2000 年之多。每次采访均会进行录音，录音材料也都进行了转录，文稿共计 60 万字之多。我多次阅读这些文字，努力理解其内涵。作为一名领导者，你可以运用什么来强化并丰富自己的沟通呢？

我相信通过这些采访，我有了许多突破性的发现。最重要的一点是，沟通是领导者在决策前、决策中、决策后所做的事，是他们为达到目的所做的事，是他们激励我们的方式。

团队沟通的目的

词典中将语言定义为沟通体系。

那么，团队中领导者采用的沟通体系又是什么呢？

被采访者表示，领导沟通的目的在于影响与激励（从而实现良好的结果）。要做到这点，你需要呈现出激励型沟通的 12 个关键要素。

12 个关键要素见下文图 3.1。

1. 学习在沟通方式上做自己，做更好的自己，并且更多地展露自己，从而来建立信任。

2. 表明既定的使命以及强有力的一系列价值观，为激发自主、行动及决策建立框架。

3. 结合清晰的未来展望，不断地沟通以促进当下的行为。

4. 使你的员工重视与团队成功息息相关的重要关系；运用这些观察来推进变化，并将在这些关系中建立信任作为首要任务。

5. 将“参与度”定为战略性目标，采用对话的方式进行参与。

6. 在试着与听众沟通前，要注重理解对方。

7. 采用有力的新方式进行倾听，并学着询问正确的问题。

8. 传达讯息时要事先准备好有力的观点。

9. 更多地运用故事或轶事来激励正确的行为。

10. 注意自己的肢体语言及行为所传达的信号，这些的影响将大于你的言语。

11. 为出席公共场合做好相应准备——若表现不佳，可能会影响你的声誉。

12. 学习、练习、复习、进步——不断努力成为一个更优秀的沟通者。

最重要的是，要将建立与维护信任定为战略性目标。

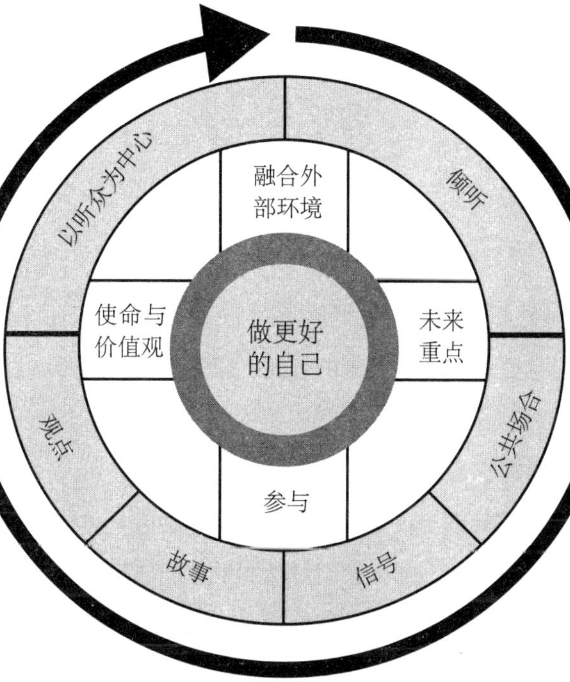

图 3.1　12 条原则

为什么这些原则如此重要？让我们一一道来。

做更好的自己

对于团队管理者而言，真实十分重要。假如追随者对你不信任或认为你不正直，那么他们便不会努力付出。因此，即便你十分内向，你仍需以更富激情的方式进行表达，讲述自己的价值观并更频繁地表明自己的信念。追随者需要感受到你的激情，并相信你的观点。若你清楚自己真正在意的事物，那么你在讲述时便会情不自禁的饱含热情。

大多数人并未花时间说明自己的信念，但这种以一贯可预见的方式号召及展现激情与努力的能力比演讲技巧更可靠，比精心雕琢的言语表达效果更佳。你需要展现真实的自我，同时，你也需要学习如何“表现”得更好。

使命与价值观

团队管理者通常都太频繁地使用财务目标或量化的目标来激励团队成员。他们更易接受这种理性可观的方式。但追随者也经常会表示，他们每天早上从床上爬起来不是为了这些财务目标或量化的目标，而是希望能够感受到自己在做重要的事，在发挥着作用。

强烈的使命感有助于决策贯穿整个团队，若能与价值观相结合，让团队成员了解什么是正确的，那么甚至可达到更佳的效果。在这个绝对透明的社会中，许多原因导致价值观的重要性远胜于前。价值观决定团队中的员工在追求目标的过程中应采取何种行为，而他们的行为则会决定企业向外部世界呈现的形象。这些无形的价值观——通常因被认为“软而无用”而被忽略——将转化为实际行动，而实际行动则将转化为报表上的数字。因此，使命与价值观的表达方式至关重要。

未来重点

我对话过的每一位领导者都会用未来引领当下。即便不清楚方法，他们也十分清楚自己在某一时限内要实现的目标。他们永不满足于现状，而他们的不断进取则成了一种有形的力量。他们所问的每一个问题都与员工目标进展情况相关，并且会持续审核这些目标。

他们描绘了生动的成功景象，通常会以理性的表述（数字）与感性的表述（表达这对于相关人员而言将会如何）来对未来进行描述。这种理性与感性相结合的表述方式是激励他人的关键所在。未来展望（成功的景象与感受）与使命（我们需要做的重要事项）及价值观（做事方式）的融合将触动人的理智与情感。不过，未来愿景的表达需要采用利益相关的表述，面向所有与团队绩效利益相关的人，如消费者、股东、当地社区、供应商与合作伙伴，以及最重要的员工。

让外部融入

管理需要立足于团队外部，不断将外部关系中的成功及失败的案例带入团队，从而让所有人都能够关注需要改进的地方。成功的管理者知道关系是成功的引擎；他们密切关注所有关键关系的状态，并让自己的企业也时刻关注这些关系。你需要设置“灵敏的天线”，如某位管理者描述的——雷达系统，从而保证与外部世界的接触。

我总是频繁地听到“声誉差距”这一说法——即企业所做出的承诺与消费者或股东实际体验之间的差别。若想获得信任，则必须努力将这一差距缩小，甚至消除。显然，你肯定希望获得信任，因为信任在资产负债表上并未体现，但却是最具价值的资产。领导者越来越多地将信任作为战略性目标，并像其他重要资产一样进行准确的衡量与管理。

通过对话参与

现在，越来越多的管理者会对团队成员的参与度进行衡量，并将这一衡量结果作为战略性工具来寻求使成员保持动力不断为事业奉献的方式。各种研究表明，员工参与度高的公司的效益高于其竞争者。

参与的实现可通过对话——通过有组织有效果的对话使员工清楚地明白最终目标以及为实现目标自己的职责。通过这些对话，目标计划得以开始并不断推进。然而，这类对话总是经常被忽略，并且中层管理人员经常是既未受过相关培训，他们进行这类重要对话的能力也未经评估。更糟的是，高级管理层并未对这类对话的质量加以把关，或是对对话进行系统性反馈。

以听众为中心

首先明确一点：假如你的言论导致团队成员未听进去或是不理解、不受触动，或有不同想法，或采取了不同的行动，那么就意味着你并未进行很好的沟通。你可能已经站起来对着他们发言，但只有你的发言产生了影响，才可谓是产生了沟通。任何企业中，领导沟通均是关于实现大目标，关于改变行为。人们倾听时会自己过滤信息——由于文化或情感，或自己特有的认知甚至误解等对信息进行过滤。

在你自己获得理解前，你需要谈论他人所关心的事情以及他们的问题。本书采访的所有人都表示在沟通中需要以听众为中心，并需要认识到，听众才是沟通所围绕的主题。你需要改变他们的想法、感受与行为，但在那之前，你需要知道他们当前的想法、感受以及行为是如何的。

倾听

我所采访的对象经常会将倾听这一主题视为与沟通不甚相关的内容。他们将其定为领导力中可能最难达到完美的必要技能。他们表示，有时单是倾听这一行为本身便是一种鼓励。“你必须好好地倾听他人。”不过，工作中的倾听更为根本，我将其成为倾听协议（The Listening Contract）——假如你希望他人能够听你所言，那么首先你要倾听他人。

当你倾听并以解决方案或好主意进行回应，那么你便表达了极大的善意，并表现出了你与他们是属于同一阵营，尤其当你想鼓励他人坦诚相待并营造一个环境让大家可以不用担心后果地讨论负面消息、讲述他们的挫折、表达他们的担忧。你需要通过言语倾听动机与安排、情境、绩效关键性指标、财务数据以及情绪等。即便你持不同意见，你也需要表现出自己对这些的理解。你需要询问合适的问题，并学会展现你对他人的好奇与兴趣。这点确实可以表现出来。

观点

最佳的团队管理者通常会有具有说服力的观点。持有力观点的人总是能够影响整个团队，并获得成功。作为管理者，你需要不断站出来表明自己的观点。对于问题，你需要有自己的立场，要有勇气支持自己认为是正确的事物。考虑形成自己观点的领导者太少，但若能清楚表达自己的观点，便有助于你赢得朋友，影响他人，以及对未来发展拥有更大的发言权。

与五年前的情况相比，现在的人们对于企业管理者的动机、判断及能力的信任有所下降，这种情况下，难道我们不应该以更透明、更坚定、更热情的方式来更频繁地讨论这些问题吗？因此，理想的观点应该能够将使命与价值观结合，强调你的行为，并让大家关注以你的方式做事能带来的利益，此外，应该能够号召他人采取行动。理想的观点应该是一种有力的存在。

故事与比喻

让他人听你说话已是不易，但要让他们坐下仔细倾听并记住你所讲的内容则更是一项极限挑战。所有的领导者都会运用故事，因为他们知道，一旦讲故事，那么我们就会被吸引并进行联想。好故事能够触动心灵，以理性的事实为基础的故事更能打动他人。

最好的故事会讲述关于好或坏的消费者体验，或以实践团队价值观的成员为故事主角，或表现团队成员因为制度无法发挥最佳潜能的挫败，或生动地展现未来，抑或是向听众展现领导者的不同方面。这个通常不会采用PPT，因此也更难忘。有些管理者不喜欢“故事”（stories）这个词，而是更倾向于“轶事”（anecdotes）这个表述，认为所讲述的内容其实是事实，而不是故事可能所指的虚构情况。不过他们都采用这点，喜欢听，喜欢复述，一次又一次。

信号

事实胜于雄辩。你可能会说这是老生常谈，但这确实也是管理者最难掌握的一个事实。作为一名管理者，意味着你需要看上去像领导者，行为、走路与说话方式都要像个领导者。管理者会反复忘记自己是身处透明鱼缸之中，始终受到他人的关注。沮丧的表情、不与任何人交谈便急匆匆地走过办公室、他人讲话时皱眉等——这些都能表达强力的信号，员工会感知到这些信号并自行理解。

杰出的管理者会传达乐观积极的信号，通常他们会以微笑、精神的步伐、笔直的站姿等来实现这点。同样，言行不一所传达的信号危害性最大：例如，一方面说，欺凌是种冒犯，但另一方面却没有对恃强凌弱的高收入管理者采取相应行动，这不过是表达了：钱比员工福利更为重要。热爱自己的工作，并在自己所做的每件事以及所讲的每句话中表现出这点的领导者则极富感染力。

为公共场合做相应准备

许多管理者曾因未能妥善准备公众演讲而导致自己的声誉受损甚至遭到破坏。然而，领导者级别越高，出席公共场合的可能性也越大。若能在这些场合表现良好，便能带来极大益处，增加销量或股价，安抚焦虑的投资者或感到不快的消费者，或吸引贤能之才。因此强烈建议领导者接受相应培训或训练，但仅仅靠培训是不够的。熟能生巧，不断的练习是最佳途径。永远不要对自己的能力太过自负——风险太高，不值得冒险。

学习、练习、复习、进步

若你努力成为一名杰出的沟通者，那么你将会成为更优秀更高效的领导者。这也是为什么我所对话过的领导者都十分重视持续的进步。是否具有杰出的领导力会对结果的成功与否造成影响。优秀的领导者能带领团队走向成功，能够激励追随者，为员工们的前进方向提供道德指南。他们带头改变，推动创新，并传达有力的未来展望。在招聘高管时，激励他人的能力通常被认为是十分重要的一个特质。沟通是激励型领导实现的工具，而你需要更好地掌握这一工具。

这就是 12 项原则。在我所著的《领导者的语言》一书中，通过与 70 位领导者的采访以及他们告诉我的许多故事，我得出了这些原则。在本书中，我将进一步对 12 条原则进行一一阐述，并提供改善自己表现的相应流程。

图 3.2 中，你可以看到每条原则的相应建议。

我的目标在于帮助你成为更能激励他人的沟通者，并通过这些帮助你成为一名更优秀的领导者，而并非助你成为一名技术完美的演讲者。若能兼顾两者，那么你将会变得更为高效，但我认为，这并非必须。激情、信念、清晰、品质、语境——这些更为重要。关于这点，我们在下一章节中会详述。

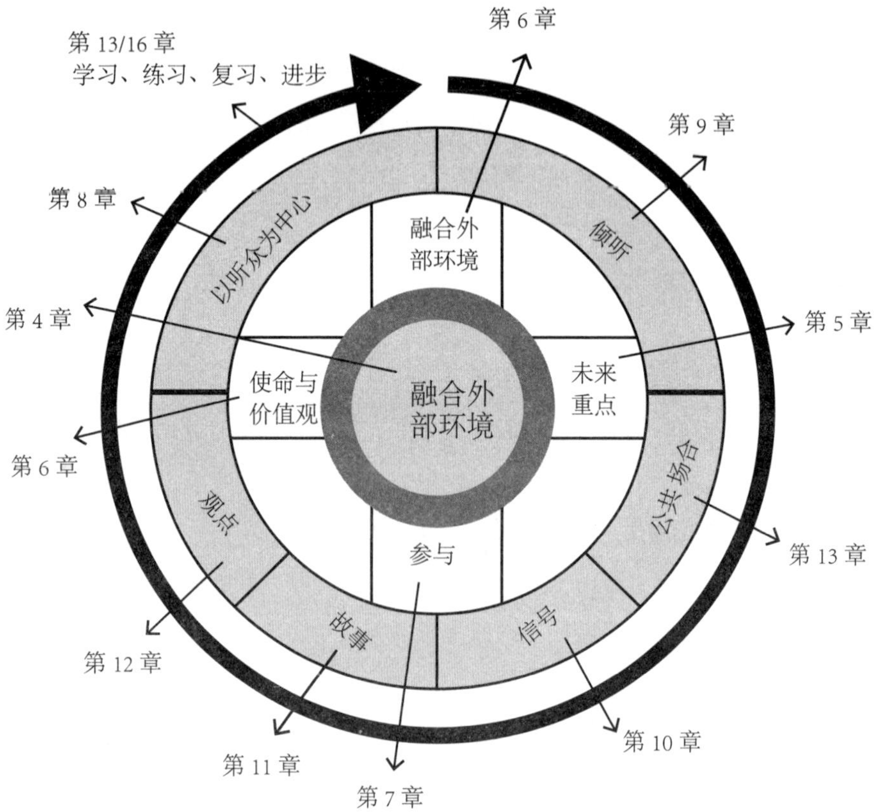

图 3.2 关于每条原则的更多内容

CHAPTER 2

第二部分

对内沟通

04 做更好的自己

真诚对于领导力而言至关重要，因为它能建立信任，而信任则是成为激励型领导者的必备条件。然而，你怎样才能参与其中并以鼓舞人心的方式向他人更多地展现自己以及信念呢？遵循这10个步骤，可以有助于你清楚表达自己的使命与价值观，更真诚更热情地面对自己的追随者，并使他人对你更加信任。

在某次大会的前夕，我的首席执行官否决了他的演讲稿。不妙，这真的十分不妙。

我的团队花了好几个星期准备这份演讲稿，而他并未贡献什么，我们只是从他的主要员工那儿获得了一些尚算有用的二手信息。他们也受到了由团队各处人员组成的编辑委员会的建议。首席执行官自己忙到抽不出时间。即便获得了熟悉这位CEO的人的帮助，拟稿人还是需要凭直觉判断应该放哪些内容，在这种有关消费者问题的大会上应该说些什么。届时听众将有500多人，大家都是付费入场。此外，这个活动还将被拍摄下来用于公司网站宣传以及媒体报道。

演讲稿本身是篇十分不错的发言，诙谐生动并且有理有据。CEO本人也认可这点。唯一的问题在于，这并不是“他”的风格。这不是他平常的表达方式，也没有包含他想讲的公司的一些重要事情，没有包含他最关心的点。他表示，由于他并不“拥有”或信服这篇演讲，他便无法坚定地将其呈现出来，而且这也是种不真诚的行为。

（假如他之前能至少抽出点时间来看下稿子，并至少留给我们一天时间来进行调整，那样会好很多。大会前夕才反映问题，实在是太过紧迫。）

“怎么办？”他问道。

“您想说些什么？”

“我想要聊聊服务补救，并用这个来阐述我们的关心消费者文化的要点。”他回答道。（现在终于知道了。）

“好，”我说道，“那么我教你个倒计时技巧。想下《正午迷情》（High Noon）这部电影，睚眦必报的罪犯正从您送他们进去的监狱中直接去镇上。他们想要在定好的12点把您杀死。时钟上不断读秒，显示着那个灾难性时刻的逼近。用这种倒计时技巧绝对可以抓住听众的注意力。”

“听上去不错。但我们要讲什么故事？”

几个月前，由于情况的不可控性，该公司刚被卷入了一个备受瞩目的服务崩盘事件。公司里所有的员工携手致力于帮助消费者，确保他们不会长时间处于不便的状况。当时花费了大量精力才激发了员工们想要主动提供良好服务的意愿，并因我们了解顾客的具体信息而实现高度回应，并有能力召集与我们持有同一顾客理念的供应商，事态很快恢复正常，并且事后顾客的感谢信和表扬信仿若潮水般涌来。

CEO本人亲自参与到这个补救工程中，并且无需写成稿子便能准确回忆出当时发生的事情。这正是我们需要的。我们找到了个故事，并且这个故事正好能够完美地表达他想说的内容。

现在我们需要的仅是一些提示，从而来帮助他以恰当的顺序回忆故事的关键片段。我们做了几张幻灯片，简单地列出了临近灾祸的各个阶段，描述了导致这一灾祸的所有原因。然后用一张幻灯片来阐述爆发的那一时刻。然后我们在几张幻灯片上放了引自顾客的言论，这样使他可以发表他想表达的关于服务补救及客户服务方面的观点。对于这一安排，他感到满意。因为故事的主人公是他们的员工。他甚至十分期待讲到这块内容。

我无法出席该会议，于是就很紧张地等待着有关他表现的信息。最后，终于有个同事打电话过来说，一切都相当顺利。我们的CEO已俨然成了明星！他用激情与信念掌控着整个舞台的节奏，并且完美地讲述了那个故事。听众们提问十分踊跃，最终在会议不得不结束时仍有许多人举手想问问题。

CEO意识到关于影响力的一个重要事实，即若你自己不相信自己所说的话，那你便无法说服他人。假如你所说的内容并非源自你的激情与信念，那么便会显得不真诚、不具说服力。更有甚者，人们可能会察觉你的迟疑，继而意识到你言语中的不实之处并对你的动机产生怀疑。假如人们不再信任你，那么你便无法管理他们，更遑论对他们产生影响。

即便按照准备好的稿子进行演讲是更容易的方式，我的CEO客户决定不能把自己的领导置于这一风险之中。最终，他并没有采用那篇精心雕琢的演讲稿，而是简单地讲述了一个他所关心的故事。他讲述了那场广为人知的服务崩坏事件中一个局内人的情况。因此他所透露的是听众所亲身经历且熟悉的事。他十分在乎顾客，对顾客后来的评价感到十分自豪，并且很自然地对员工们自发团结一心对这一事件进行成功补救的情况表达了高度赞扬。他用自己的方式、自己的表达用心讲述了这个故事。虽然他的表述并非完美，但却极具感染力。

对于管理者而言，真诚至关重要。

简而言之，便是坦诚待己，真诚待人。若你希望自己的信息能够得以传达并影响他人行为，那么就需要他人信任你的人和你的话。若无信任，便会滋生怀疑。想要对持怀疑态度的人或质疑你的动机的人造成影响，是件极具挑战的事。

追随者希望追随自己相信的人。对于具有强大的战略性重点、清晰的未来规划、表达简洁直白甚至富有勇气且有原则的领导者，追随者总能作出最好的回应。他们对能够支持并保护他们的领导者尤为喜爱。而拥有建立在坦诚且尊重他人基础上的强有力价值体系的领导者则最能鼓舞人心。他们并不会不可捉摸，他们同样也是人。追随者希望领导者能够平易近人，真诚谦卑，甚至偶尔也会展现脆弱的一面。他们希望自己能够被领导者信任，从而也能够反过来信任领导者。

获得信任的关键之一便是可见性。无论你是小团队抑或是全球性团队的领导者，现在有许多方式都可以增加自己的“出镜率”。全球在线会议，或是面对面的研讨会，都是可以展现你个性的平台。人们会注意到你是否会不论事情有多困难都愿意参与到重要的事情中来。若你未出现，他们便不会相信你的勇气，也不会认为你想要做事的坚定决心。

当你出现在大家视线中时，你需要学习如何成为更好的自己。若不认识你或不知道你所相信的事情，那么人们便不会信任你。你需要自信做自己，并坚定地传达出你的个人标志。无论你是否愿意，你都会有自己的个人标志。人们会在背后讨论你，而他们讨论的内容便是你的个人标志。问题的关键在于，他们会说些什么？你怎么才能影响他们所说的内容？

首先要切记，标志的作用便是标志的意义所在。你的信仰会从中展现出来。中国古代哲学家、《道德经》作者老子曾写过如下动人的文字：

积思成言；

积言成行；

积行成习；

积习成性；

积性成命。

无论你是否有意，你的个人价值观及在意的事物均会通过你的行为及关注的事物展现出来。这便是人们所看到并谈论的你的标志。为了自己好，你对自己清晰地说出自己的价值观，花点时间写下来并予以思考。最好能够这么做，并且有意地进行使用。因为这些东西往往都会无意识地流露出来。

最近我有幸采访了迈凯轮集团执行董事长罗恩·丹尼斯（Ron Dennis），

该集团旗下包括迈凯轮赛车、迈凯轮应用技术公司、迈凯轮汽车公司。我看到了我所指的工作情况的一个案例。

在位于英国的迈凯轮技术工作中心的前台等着与他会面时，我很有兴致地观察着展出的 F1 赛车。他的一位负责接待我的同事问我是否能看出哪些是罗恩接手迈凯轮 F1 团队后所出的车系。

你可以很明显地看出，因为自他接任后，车的设计更具美感。他表示，罗恩对美学十分执着。之后，我又听说了几个故事，关于罗恩十分注重细节，并且时常亲自对他认为需要符合美学要求的东西进行审查。整个公司的人都知道，这是他深刻关注甚至执着的事，并且他对这方面的细枝末节均十分在意。

在之后我与他的访谈中，我问罗恩关于迈凯轮的价值观。他回答说，创新、创造、追求卓越。他表示他们的团队有一个目标，那便是：胜利。他并未提到美学。

我谨慎地问员工做什么会真正地激怒他。“噢，”他坚定地回应，“那很容易，肯定跟审美有关。”

虽然美学并未被放在公司价值观之中，但显然这已作为一个有力的价值观融入公司，并指引着他的追随者们的行为。他们从罗恩的行为及其关注点中接收到了这个信号。

若有意识地以正面的方式运用真诚，那么它便能带来真正的商业效益。若领导者确实能够真诚待人，那么他们便能建立起强大的关系与信任。若这些关系有关共同利益，那么当情况变得艰难时，你也能够处理各种冲突与困境。你也能够创建高效团队，组员能够高度参与并发挥其最大潜力。你能够与自己及他人有更多的接触，这样便能更加了解情况，继而能够作出更全面的决策，激发周边所有人的创意。你将能够激发他们取得重要的成就。

若真想有所成就，那么你必须与自己的目标建立情感联系。不要担心变得更情绪化会暴露自己。所有的沟通都具有一定风险，担心真实的自己会不被他人接受也很自然。但问题是，虚伪的风险更高。真诚指的是降低自己的防备，对自己的感受、不确定性、风险及问题更加坦诚。以保守的方式向他人表达自己的个人信念是种很自然的做法。但切记：没有激情和信念的话，便无法激励他人。

以下 10 件事可以使你能够更好地表达自己及自己的信念，并且使自己面对追随者时更真诚更富激情。

1. 明确自己的目标。

2. 明确自己的价值观与信念。

3. 明白自己的长处，表明自己的长处但别夸大。

4. 了解、承认并弥补自己的弱点。

5. 思考自己人生与事业中的重要时刻，以及你从这些时刻中学到的重要经验。可以谈谈关于这方面的话题。

6. 根据团队的目标来制定你的目标。构建成功的蓝图，并经常提及。

7. 根据团队的价值观来定你的价值观，并经常说明。

8. 展现更多人性的一面。承认自己的错误或不知道的地方。始终表现出对他人的尊重。

9. 问问自己在遇到挑战时是否能见到你的身影。

10. 不要隐而不说。要保持乐观，绝不掩藏事实。

简而言之：提高自己的可见性，展现自己的人性化，保持自己的坦诚。

以下是帮助你实现上述各点的相关指南。

1. 明确自己的目标

这点不得不说很难做到。大多数领导者终其一生可能都没有清楚地表述过自己的目标清单。他们可能花了无数时间讨论团队的目标清单，但却从未花时间在自己的目标上。

你想要实现什么？你存在的意义是什么？你到这里是为了什么？为什么这具有重要意义？你的目标对于你的信念以及你的世界观有何影响？这些都是你应该问自己的问题。当你问自己这些问题时，把它们写下来。像这样的清单能够促使你在实现目标时更有重点，更明确方向，对自己更负责。它能引导你的每个行动。

你问我的目标？

“我相信领导力。我认为在现代工作环境中，领导力并未受到足够重视。它被过度非难并低估。然而，杰出的领导者可以对人们的生活造成巨大的影响。杰出的领导者可以创建优秀的工作环境，他们可以推动团队发展与繁荣，他们可以改变我们人生的轨迹。杰出的领导者可以保障国家的财富，并给千百万人带来正面的影响。我们需要鼓励并释放每个人心中负责且鼓舞人心的领导者。

由于这一信念，我决心通过使领导者成为更优秀更具激励性的沟通者而提升他们的效率，我将这点视为自己的使命。为实现这个使命，我会进行一对一的指导、培训、战略性咨询，以及写书，从而来帮助世界各地的领导者。希望通过这些，我能对他人产生重大影响，除了使其更具激励性的领导力外，我希望我所协助的领导者们的追随者也能从中受益。

任何领导者或立志成为领导者的人都具有成为领导者的潜质。他们只是需要学习如何变得更具激励性，并摒弃他们原本对激励型领导力的偏见。”

你能否将你的目标写下来呢？

2. 明确你的价值观

无论你是否意识到这点，你的价值观都会影响你的想法、感受及行为。当你表明自己的价值观并将其清晰地表述出来，那么它们便可使你更稳定、更明确且更专注。它们有助于你明白到底什么对你而言是真正重要的。它们可以提高你的稳定性，因为遵循自己的价值观，你能够更稳定地展现自己。

我认为价值观具有巨大的价值。它们是真诚的领导力的核心所在。花时间将其清楚表述将能够使每位领导者受益。你自己的观点与你的所作所为同等重要。

要明确自己的价值观，比较好的一个做法便是找个安静的时间，想想有哪些是能够鼓舞你的。为什么它们能够对你产生激励？它们有什么特质能够激发你的精神并促使你希望更进一步？你所相信的目标是什么？为什么？这些与你认为生活中重要的事物有什么联系？

在许多网站上，你可以找到相应的程序性提示来帮助你明确自己的价值观。只需输入如“明确价值观”等字眼，谷歌就会出现相关搜索结果。这些网站上会有一些词表，列出如“责任性”“增长”“服务”“尊重”“实用性”“活力”等。你需要深刻地反思自己，并写下自己认为自己人生所遵循的所有价值观。

写完后，你根据它们对你的重要程度对其按 0 — 10 进行评分。重点关注前十位。对它们做出强有力的表达。然后问自己这些对你而言是否为真正重要的价值观，它们是否会让你对自己感到满意？你是否对它们引以为傲并愿意在公共场合谈论它们？你是否愿意将其跟你所尊重敬仰的人进行分享？当你发现自己的价值观与其他大多数人的观点不同时，你是否会坚持拥护自己的观点？

一旦你明确了这些价值观，你就能够在任何情况下运用它们来做出最佳选择，尤其是在没有数据支持的情况下。最难抉择的事情往往都是关于你最重视的事情。

举例来说，我的十大重要价值观中有四点是尊重、倾听、好奇、讲故事。我认为所有的人都值得尊重。我认为自己始终应该好好倾听他人。我认为好奇心能够充实我的灵魂，让我为机遇做好准备。我相信每件事都有故事可说，所有人都爱听故事，而这些故事能够促进人们的改变。

这些价值观一直使我受益良多，我总是希望所有认识我的人都能知道这是我性格的组成部分。我会严格遵循这些价值观，若自己无法充分执行时便会时常进行自我批评。若我不能直视服务员的眼睛并真诚地感谢他/她的服务，那么我便没能执行我其中的一种价值观。若我在未努力了解对方之前便草率地对其做出判断，那便是对他人和自己的低估。若我未能就发现重要事实提出关键性问题，那么便是在逃避责任。若我在证明自己观点时未能运用好故事，那么我便有可能使他人感到无聊并失去他们的注意力。通过用价值观严格地要求自己，我将自己的行为与价值观紧密地联系起来了。

这些价值观对我的个人及专业生活带来了重大利好。如你所见，我可以就这个话题聊上好几个小时。

关于价值观需要切记的关键点：真正的价值观其实就是对行为的深刻信念。

你的价值观是什么？

3. 明白自己的长处

你是否清楚是什么才能让你脱颖而出？我敢说，你并不知道答案。有时，拥有杰出才能的人并不知道他们最擅长什么。很久以前，我便摒弃了认为自己是个全面的管理者这一想法。我存在巨大的弱点，但我也拥有一些突出的长处。我对自己的缺点很清楚，因此我能够发现哪些人擅长我所不擅长的领域。而我们一起则能构成一个杰出全面的团队。我能够很坦然地拿自己的弱点开玩笑，同时也能很自信地发挥自己的长处。

要明白自己的长处，你要做的便是全面地了解你所信任的人的观点。跟了解你的人聊天，并让他们说说你的长处。很快你会发现一个较为一致的情况。你也可能会对他们所说的内容感到震惊。这点之所以很重要，理由之一便是因为你的长处通常会跟你的信念紧密联系，并可为你深层的价值观提供线索。更重要的是，当你关注如何减缓自己的弱点而不是如何发挥自己的长处时，人们会迅速意识到你感到不自在并且没有真诚地面对自己。他们可能并不清楚原因，但这仍有可能使他们不再信任你，并觉得你不够可靠。你的长处使你变得与众不同。若能够展现自己的长处，你便能显得更可信。

当处于自己擅长的领域时，你通常会觉得最开心，并且感觉自己举重若轻。其他人可能会问你是如何把事情做得这么好，你会回答：“大家难道不都是这样做的吗？”注意！你可能正是发挥了自己的长处。

在工作和生活中，你通常会自然而然去做的事情是什么？为什么？什么时候你会感到最幸福？你感到最幸福的时候在做什么？和谁一起？还有什么其他原因使你感到幸福？

让我再举个发挥长处的例子。多年前，我在英国航空担任媒体总监。当时我被要求为 20 个员工及其家属安排一个在迪拜的周末活动。这些员工被评选为过去半年中最优秀的员工。他们所有人在客服、后台操作以及其他确保飞机运行的工作方面都表现得极为卓越。我的职责便是不时出现确保他们能够欢度周末，并且让他们意识到公司十分重视他们的努力付出。在周末的前两天，由于我们主要是参观迪拜及其胜景，我需要做的就是调节气氛。最后一晚的盛大晚宴则是整个周末的高潮。我需要发表演讲，并为他们颁发奖金与纪念品。

我刚到公司不久，缺乏谈论公司运营的信心，当然对各类奖项的获得者也不了解。我有点害怕这个演讲——尤其是一个对于所有人及其搭档而言如此重要的演讲——我担心自己无法使他们感到骄傲。

过了一会儿，我想起来自己的长处包括倾听、好奇与讲故事。（如你在前文所看到的，这些是植根于我内心深处的价值观。）我决定在晚宴时尽己所能来为他们发表赞美之词。在晚宴前的那两天中，我会花很多时间来问他们关于他们自己的问题。我希望了解他们，了解他们的杰出贡献，以及促使他们表现突出的理由。我会确保自己明白这对他们的家人及搭档而言会带来怎样的影响。在晚宴时，我决定不发表演讲，而仅是在根据他们所做的杰出贡献为他们设置了“你的生活”风格的账户后，将装满钱的信封以及纪念品颁予了他们。

他们非常喜欢这个设置。也难怪，毕竟这些都是与他们有关，怎么可能不喜欢呢？之后，有几对夫妇过来对我表示晚宴举办得非常棒，并表示十分惊讶我居然能把他们的行为变成如此有趣的故事。其中有些员工十分优秀，之前便已获得过这一嘉奖。他们表示之前的负责人从未有过我这样的安排。他们这次比之前那次更为快乐。没有谈论航空公司，也没有关于客服重要性的长篇大论，只是简单地叙事般地将他们每个人所做过的事讲述了出来。他们觉得自己获得了重视，而不是受到了恩赏。我希望他们能够怀着这种热情回到岗位，并在需要时挺身而出。

对他人极为感兴趣并且天生好奇心强的人而言，了解如何问好问题并认真倾听回答，给他人讲好故事是种十分容易并且十分可靠的领导行为。

4. 了解自己的弱点

领导者能够承认自己把事情搞砸，是一种最能消除他人戒心的行为。知道自己的弱点并敢于谈论，可以使你的领导力显得更为谦逊。（而熟悉你的人也会了解你所说的实际情况。）你或许已经知道自己的弱点是什么。

若不清楚，找到你所信任的人，相信他们能够给你真诚的回答。倾听这一回答的过程可能并不自在，但请在整个过程中控制自己的情绪，并确保你能够鼓励他人告诉你到底是什么原因造成了你的失败。对他人的反馈进行反思总结，并且当弱点发挥作用时要时刻警惕。

切记有时弱点的出现可能会使你成为一个不讨喜的角色。要真诚，但并不意味着可以把这个当作不良表现的借口。你在做自己时，可能会过于挑剔、固执、自负或尖刻。你可能是在做自己，但显然并没有表现自己良好的一面。你需要了解自己弱点及其对他人的影响的理由之一便是因为这样一来，你便能够更好地对其进行管理。

谈论自己弱点的一个较为灵活的方法便是询问信赖的同事在与自己共事时有什么难点。同样，一旦与一些人完成了这类谈话并相信他们所说的便是事实，那么便会逐渐形成一个清晰的模版。在展现真实的自己之前，你需要对自己进行 360 度的审视，并学会承认自己的弱点。

5. 从重要时刻中学习

你生活与工作中哪些挑战对你的人生产生了重大影响？

我们在事业中都会遇到一些突破性的时刻，遇到需要我们在极度困难的条件下努力拼搏去赢得胜利的时刻。我们从这些时刻中学习到的东西则可以使我们在未来加以利用，并在遇到类似情况时提供参考。

想想你在事业中遇到的最大挑战或学到最了不起的经验的时刻。这些通常都是什么情况？你做了什么？你学到了什么？有什么东西使你沿用至今？为什么？

你最引以为傲的成就是什么？为什么？有谁一起分享了你的荣耀，他们说了什么？你在什么时候感到了真正的满足，而这些时刻对于你的人生又具有怎样的意义？

对我而言，其中一个重要时刻便是需要在极其短暂的时间内为一家公司树立新品牌。品牌重塑的资金已经到位，新品牌的管理团队也全力支持，唯一的挑战便是需要在短短几个星期内实施。就凭我的这个小团队再加几个积极的供应商根本不可能实现。因此，我决定将这一任务完全分派给该业务的分区领导，而我的职责就是确保他们明白相关指示，制定严格的框架，使他们在这一框架内可以自己决策，并相信他们可以在各自的领域中把这份工作做到最好。我对他们说，只要符合指示要求，他们可以在自己领域中按最适合的方式予以实施。而他们也按照这样的要求十分出色地完成了任务。当我们完成这一重塑时，时间仍有剩余。通过这一成就，我体会到了我现在常说的一句话："因地制宜。"鉴于这一方式收效甚好，我现在经常会采取同样的方式。这一傲人的成就使我相信，若你能给他人制定清晰的原则与指示，并且让他们能够拥有在这个框架下选择合适方式的自由，那么你可以信任他人能够完成任务。

6&7. 根据团队的目标来制定你的目标和价值观

清楚说明自己的使命感与价值观后，你便能提高它们在你领导力中的可见性。公司的价值观与你自己的价值观之间定会有重合之处。找到这些重合的地方，并且尽可能频繁地证明这些价值观。这样一来，这些便会成为公司与你的共同价值观，而你的价值观便将与公司的利益相符。当你在实践自己的价值观时，你的热情与信仰便能从中展现，并且会使你显得更鼓舞人心。

要做好袒露真心的准备，用心领导，敢于更频繁地证明自己的价值观。这一信念将会体现你真正的骨气，而这是你真正影响力的来源。你的言行要与自己的核心价值观及信念相符，这样才能赢得尊重、信任以及倾听的意愿。

8. 展现更多人性的一面

领导力指的是你给人的感受。要记住：在人们了解你的在乎程度之前，他们并不在乎你的了解程度。

花点时间了解他人。要相信俗语所言，生活中最具魅力的人总是充满对他人的兴趣。做个有魅力的人。对他人抱有好奇心，了解他们的历史与信仰、动机与兴趣。关心他们的家人，让他们说说他们一路走来的经历。用心倾听。

参与到对话当中，迎接挑战，鼓励他人提出更好的想法。虚心接受他人批评。绝不找借口或是拒绝改变想法。（相反，也不要总是过快地改变想法。）

不要陷入办公室政治或推卸责任。

9. 提高自己的可见性

确保他人能够看到你。假如你领导的是个小团队，那么你可能选择很少。假如你领导的是一个国家级或全球性的团队，那么可能会更具挑战。你可能需要经常出差。若是这样，你要确保自己在办公室走动并与他人进行谈话。不要仅是出席管理层会议。

假如你无法尽可能地出现在办公室里，那么可以采用视频会议、网络研讨会、YouTube 或其他可以显示你的脸的方式。要平易近人。在我做过的无数的员工访问中，他们一直讨论的一个话题便是领导是否经常出现。猜猜看哪种类型的领导获得了他们更高的评价？

10. 以尊重的方式说出事实

你是否常发现人们在工作中隐瞒事实？他们会讲一些话来取悦他人或是避免不同或争议。可信的领导者会抑制这一趋势。他们不会以太直接伤人的方式讲述事实，但也不会不敢坦诚或道明真相。要说出重要的事情需要一定的勇气，尤其当他人并不想听时更是如此。要做正确的事，而不是挑简单的事来做。领导力沟通最重要的一种行为便是说明来龙去脉——即便这一来龙去脉会让人感到不安。

同样，你需要知道人们是否觉得你打算谈论“屋里的大象（即人们避而不谈的问题）”。向你所信任的同事询问他们是否认为你总能讲事实，或是你总打算提出需要解决的事实情况。要确保作为领导者的你也能成为一名预言家——真相的揭露者。

这十个练习可以使你所依靠的员工、顾客、股东等了解你。它们有助于你展现更好的自己，建立更强大有力的关系。关系是成功的引擎，但若你不让他人了解你，你便永远无法建立起强大的关系。

若你的使命感与价值观能够促进你的领导力，那么鼓舞人心的目标以及强大的价值观体系也同样能够推动整个团队的发展。清晰且鼓舞人心的使命加上强有力的价值观能够有助于整个团队各处的领导参与到决策当中。这也是我们下一章将讨论的话题。

05 展望：如何思考使命、价值观及未来

领导力指的是通过他人达到杰出的结果。你要如何建立相应框架促使员工发挥创意努力付出以实现你的目标？怎样才算好的目标或展望？怎样又算是无用的呢？下面是具有影响力的展望框架所需的七大必要元素。

如何将作者天马行空的作品拍成卖座的电影？电影制作风险高、难以达到完美，并且成本极高。杰出的导演能拍出成功的电影需要什么样的决定因素？电影指导与商业中的领导之间是否有异曲同工之处？

迈克尔·艾普泰德（Michael Apted）是一位十分高产的英国导演，他的著名代表作包括邦德系列电影中的《黑日危机》、奇妙探险片《纳尼亚传奇：黎明踏浪号》、反偷猎电影《雾锁危情》。他最得意的作品为讲述英国政治家威廉·威伯福斯结束英国大西洋奴隶贸易战争的《奇异的恩典》。

迈克尔曾担任美国导演工会主席，他曾在电视台工作，并制作出许多广获好评的纪录片，包括《2016 足球世界杯官方纪录片》。在近期的一次采访中，我问他是如何成功地激励不同的技术人员、摄影师、场景设计、后勤人员、赞助商、工作室老板、化妆师以及演员来一起拍摄电影的。

“这是关于展望。”他说道。

“你需要对整部电影有个展望，这个展望需要你竭力守护，但同时可以用这一展望去激励大家共同创造。

作为电影导演，你所拥有的最珍贵的事物便是将大家的努力、热情及创意与你的作为相融合。你需要通过鼓励他们参与来激发他们的能量。你需要表明自己的目标但你不知道应如何实现：他们是否能够给予你帮助？你需要帮助他们看到你所看到的，然后让他们就如何实现这一展望提出建议。你需要营造一个良好的氛围，在保证朝着目标前进的前提下让大家参与进来并让他们能够为这一展望贡献自己的力量。”

迈克尔还谈论了关于带领电影项目的矛盾之处——需要坚定却又不失灵活，需要坚持自己的观点同时也许兼收并蓄，需要处理上千个小细节但不能忽略整体格局。这些听起来都似曾相识！

“制作电影时，你便是同时面对三个不同的创意舞台：作家、演员、编辑。他们均为项目带来与众不同的技巧与能力，需要区别对待。通过写作、拍摄、编辑，整个项目仿若有了生命，时刻在变化。但你不能因这些变化而退缩或迷失在细枝末节之中。你需要坚持并时刻牢记自己的目标，确保其他所有人也人同此心。只有这样，你才能将这些不同的天赋融合在一起去创作出精彩的作品。”

展望使人前进

迈克尔说，作为一名这类项目的领导，你永远不能坐以待毙。你需要给予能量推动他人前进。“假如你干坐着，那么电影也会停滞。而展望则是始终促使你前进的动力，促使你不断尝试，来将不可能变成可能。”

这一切是否似曾相识？这是否让你想起了在领导自己团队时所遇到的挑战？你是否曾找到方法来建立目标以激励团队的创意、努力以及决心，并且使他们在困难中也能勇敢前行？

先想一会儿。我想讲讲我访问克莱夫·伍德沃德（Clive Woodward）的故事。克莱夫是前英式橄榄球联合会球员，2003 年世界杯橄榄球赛冠军主教练，后来曾在 2012 年伦敦奥林匹克运动会期间担任英国奥委会体育主管。

2003 年世界杯橄榄球赛在澳大利亚悉尼举行，决赛中英国队对阵澳大利亚队。外侧前卫强尼・威尔金森（Jonny Wilkinson）在加时碰球入门，英国队以 20∶17 赢得了比赛，成为第一支赢得韦伯埃里斯杯的北半球队伍，并成了世界冠军。

在访问中，我问克莱夫是否有在这场重要比赛的前夕给他的冠军团队发表过誓师演讲。“没有，”他说：

“到了那一阶段，你就不需要这个了。你的重点就是确保每个人都能各司其职。我告诉他们，假如每个人都能把自己的工作做好，了解其他人在做什么，并相信他人，拥有同一目标共有的激情，并完成得比竞争团队相应职位的人更为出色，那么我们便能赢得比赛。就是这么简单。”

通过这两个故事，我发现两点：展望的关键重要性，人们了解自己的工作及其对实现展望的作用——然后团结协作实现这一展望的重要性。

超常的信念创作难以置信的成功

另一个故事是关于泰格・伍兹（Tiger Woods），他可能是世界上最成功的职业高尔夫球手。这个故事实际上是关于另一位职业高尔夫球手克里斯・迪马尔克（Chris DiMarco），他曾在十分重要的大赛中两次败给泰格，包括接下来的故事中所讲述的被列入为高尔夫比赛最值得纪念的时刻的故事。

美国名人赛（The Masters Tournament），也被称为美国大师赛，是职业高尔夫四大冠军赛事之一。这是四大赛事中第一个每年均举办的赛事，也是唯一一个每年均在同一地点——美国佐治亚州奥古斯塔市的奥古斯塔球场——举办的高尔夫赛事。在许多球员眼中，这是最重要的赛事。

2005 年的某个星期天，在第四轮与最终轮的比赛中，泰格・伍兹与克里斯・迪马尔克两人进行对决。到第 16 个洞时，泰格朝着洞的左方打出了个极棒的削球，使球能够顺着陡坡划入洞中。接下来让全世界高尔夫球手兴奋的瞬间被摄像机捕捉了下来，并且肯定在全球播了上万遍。泰格那印有耐克标志的球将将到达球洞的边缘，略停，然后掉进洞里，打出了一个令人兴奋的小鸟球。迪马尔克目前落后两球，接下来还剩两杆。克里斯不知怎么地将比分赶了上来，赢下了接下来的两个洞，并以同分结束了该局。接下来第18个洞，泰格用一个小鸟球推杆赢得了自己的第四个大师赛冠军和他的第九个大赛冠军。

迪马尔克以不到12杆的成绩结束了该局比赛。赛后他表示：

“周日的比赛我打出了68的成绩，算是一个不错的回合。不到12杆的成绩本也是可以赢的。只不过我的对手是泰格·伍兹。”

同年的南非太阳城高尔夫经典大赛，在著名的盖瑞球员乡村俱乐部，我有幸与迪马尔克在星期三冠军赛前的pro-am tournament上搭档。12个洞后，我觉得与他已经熟稔，可以问出那个我一直想问的问题。

“你接下来会如何发展？若要打败泰格，你会如何改进？”

他对我怒目而视，我担心自己是否越界了。他摇了摇头，说道：“我不认为在技术上还可以有什么改进。我觉得技术上我已经达到了最佳。不同之处在于这里，”

他说这，拍拍自己的额头。

“和泰格比赛的时候，你可以感觉到他的信念。他的信念如此强烈，而这强烈的信念能够给予他额外的力量，使他得以获胜。他能够更清晰地看到最终结果。我需要在这点上加以努力，而不是在我的技术方面。”

因此，我的第三个观点是清晰、努力、激情与信念的力量！

如何融合这三点？首先，你需要有清晰并激励人心的展望。它必须能够激励你的团队中的所有成员，并且让他们拥有清晰的共同使命感。展望越清晰越有力，你的团队就会越团结越有竞争力。而他们对使命对你的事业所拥有的信念越强烈，那么你实现目标的可能性则越大。

理性或情感?

然而，管理者经常会把实现财务目标作为他们的使命，因为这样更理性更客观。而如我们在第三章中所提到的，团队成员则更常觉得自己每天早上从床上爬起来不是为了实现这些财务目标或是其他数字化的目标，而是因为觉得自己是在做重要的事，觉得自己可以发挥作用。

这样的话，选哪个呢？我的答案是，杰出的展望需要结合这两种元素，以满足这两个方面的要求。领导者需要创建一个框架，使决策得以进行，并使一线员工无须在行政方面花费太多工夫便能获得成功。在这个极速、透明以及消费者联合的时代，行政管理系统是种不必要的奢侈，我们不需要处处有领导，而要实现这点，则必须提供一个决策自由的框架。

我认为“展望”就是讲述一个既理性又感性的故事。关于未来的展望需要描述企业的商业目标，同时也需要向将从成功中受益的利益相关者们描述成功的感觉——无论是股东、消费者、员工、供应商，甚至是当地社区均是如此。感受与情绪是我们生活的动力。这也是我如此强调“感受”这一词的原因。

杰出的沟通需要关乎事实，但同样离不开感受。大脑与内心，理性与感性。你的展望框架须包括积极向上鼓舞人心的元素，也要包含清晰的目标以及首要任务。

假如要让员工对公司的战略目标有完整的了解，那么这一展望需要包含什么呢？我相信，还是应该包含两方面信息。

使命与绩效

首先，它必须把握团队鼓舞人心的使命，引导行为的价值观，以及由这些价值观衍生而出的理想行为准则。这些均为这一框架的感性一面，也是使员工持续感觉受到激励的原因。我称之为展望框架的“使命”的一面。

第二，它必须抓住未来的理想状态，未来必须完成的四五个战略性优先任务以及每个战略性优先任务中需要实现的关键性目标。框架的这一面则是理性的一面——未来展望可量化且高度理性化的战略方面。这便是框架的绩效方面。

下面具体讨论的六个元素均是完整未来框架的必要元素。只有这六个元素都清晰，员工才会对未来展望形成完整的认识。有时，我可以在与客户的事务中增加第七个元素——我将其称为“真北”（True North）。它指的是无止境的追求，是人们不断追求并且在实现后会持续努力维持的事物。关于这点，稍后我会进一步说明。

在这方面工作中，我经历过的最终大的问题便是领导团队通常会使用许多不同的表述来描述“未来展望”。他们会用“展望”“使命”“目标”或“战略目的”等。这样一来首要问题便是，人们经常会采用“使命”这个词，但每个人对这一表述的理解各有不同。是关于向股东传达价值观？还是关于高尚的目的？这是否是我们公司规划的首要任务？

在与团队共同制定展望框架时，要让每个人都认可你所选表述的含义，这点很重要。只要大家对你所表达的意思有共同的认识，那么你便能表述得更加清晰。

为使其在本书中清晰表述，我将其定义如下：

* 目标是你存在的理由，你为“客户”所做的能影响他们的事情。

* 价值观是你的核心原则，你认为需要的品质，影响你所有行为的有力信念。

* 行为听起来似乎很显而易见，但应与实现目标及展望形成清晰的联系。这些是你实践中的信念。

* 展望是你对未来的描绘，描述了若要实现所有的团队目标所需要的关键关系的数量及质量。

* 战略性首要任务指的是为实现目标需要做的重要事项，通常应控制在三到五件。

* 你的目标应清晰明确，若要实现所有战略性首要任务，则需要对必须实现的目标予以支持。

将这一框架清晰列出的主要原因在于使各级管理人员能够将框架内涵对团队一线人员进行传达与解释。而这里需要做的，就是确保一线的所有员工清楚地了解自己的工作对于实现公司整体展望的作用。而这则是领导者的关键性重要任务，并且只有在领导者与团队因地制宜地解释全局框架的时候才能得以实现。

团结是成功的关键

一线管理者应该问自己的团队以下问题：

这一框架与我们有什么联系？它对我们当地的优先任务以及目标意味着什么？对我们当地的行为又意味着什么？我们当地的成功愿景又是什么？我们自己的目标是什么？它如何体现公司的目标？若领导者不能帮助员工以这种方式理解展望框架，那么内部便无团结，而你成功的概率也将大大下降。

我常听到这样的说法，成功是 1% 的展望加 99% 的团结与行动。要让目标展望易理解，并确保员工通过不断的沟通与对话团结在这一目标周围，这就是领导者需要做的事。

追随者清楚决定方向是领导者的工作，但他们讨厌被按部就班地安排。这会扼杀了他们的创造力，限制了他们的努力。让他们参与讨论如何实现目标则能促进员工奋力付出。

我常听到领导者们讲到，设置了看似不可能的目标，激发公司里每个人的能力与潜能，相信员工的能力可以完成超乎他们自己想象的成就。且不知为何，描绘了这一令人振奋的生动展望后，员工们往往就实现了原本看似不可能的目标。

杰出的人需要被切实理解

我曾采访过 Go Fly 航空公司的初始首席执行官芭芭拉·卡萨尼（Barbara Cassani）。这是一家于 20 世纪 90 年代末从英国航空衍生而来的廉价航空，之后于 2002 年被易捷航空收购。

当讲到创立 Go Fly 的那段日子，她说道："每个人都说我们做不到的，说我们是异想天开。我们是如何做的呢？我们是如何战胜困难的呢？我认为这是因为，我们让自己杰出的员工对他们为实现这一疯狂的想法所需要做的事情有了充分的认识。清晰的目标展望就是能产生这么强大的影响力。所有人——从飞行员到前台——都能够看到、感受到、并尝到成功。

一路走来，我发现让公司的每个人参与进来并与他们交谈是件多么重要的事。我认为，无论是前台，还是管理运营的高管，我们每个人对这个航空公司的成功而言都至关重要。"

达蒙·巴菲尼（Damon Buffini）是全球私募界众所周知的人物。他曾担任欧洲最大最知名的收购公司帕米拉（Permira）的董事长，直到 2010 年，他辞去该职开始关注起交易。在任命帕米拉管理团队来进行更好的投资方面，他有着多年经验。与芭芭拉一样，他也表示杰出的沟通取决于对目标展望框架的清晰表述。

"我经常觉得，不良的沟通是因为方向与目标不清晰。假如说人们清楚地理解了你想实现的目标以及他们的任务，那么即便沟通不良，他们也不会放在心上。你需要向你的团队清楚明白地解释你的目标，他们的任务，以及这对他们及他们的服务对象为何是有益的。

这意味着你自己首先要对目标、时限、方式等都要非常清楚。你需要明确你希望执行的人所实现的成果。你需要花时间去清楚说明你的目标，并广而告之。这样之后，领导所要做的就是以各种方式去激励员工。”

展望框架的七大步骤

让我们一一来看完整的框架所需的七大元素，首先是框架的“理性”面（图 5.1 右边）——指代绩效的一边（相信我，这更容易）。要填满这些标题的话，你应该问自己什么问题呢？

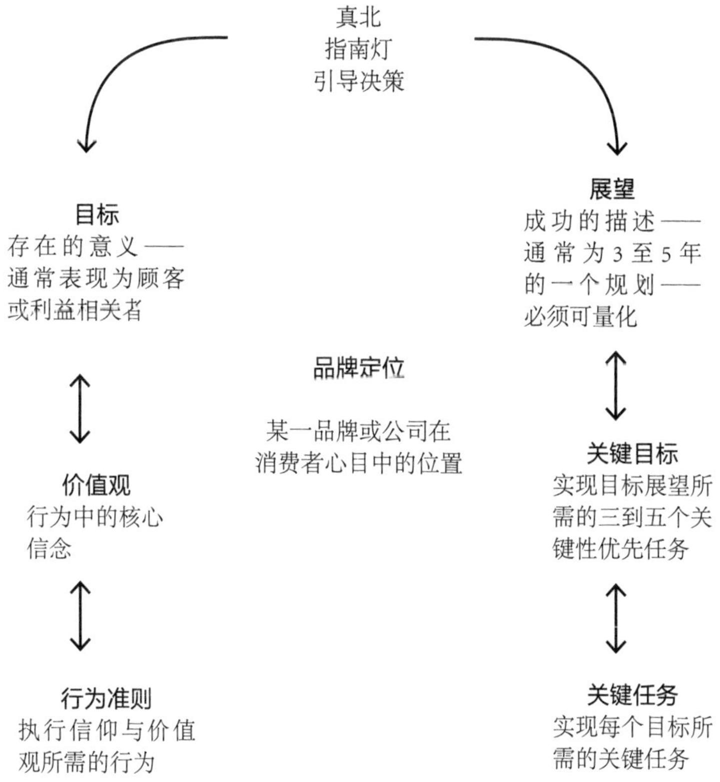

图 5.1 目标与绩效

元素 1. 展望

你是否清晰描绘过你的团队或团队在接下来三年中的成功？你能否向他人描绘这一愿景，从而使他们能够像你一样清晰的了解？这一展望是否能使人印象深刻？你在描述愿景时是否说明利益相关者将如何从中获得益处？你是否已有清晰的财务目标或其他可量化的目标来作为成功实现愿景的测量方法？假如设定了一个为期三年的目标，那么是否又设定第一年和第二年的阶段性目标？对于这一展望，你是否有便于记忆的版本？仅用十几个词便能准确表达核心内涵的版本？

不要混淆展望与使命。使命是存在的原因，而展望则是清晰且量化的近期目标。

元素 2. 战略性优先任务

若要实现这一展望，必须要做的事有哪些呢？这些可以是既定的目标。比方说，你可以决定为了实现自己新公司的展望，你需要：

* 建立突出的品牌；
* 提升自己的能力与技能；
* 发展更以市场为导向的服务。

在每三年的阶段中，你可以监测这几个关键领域的进程。许多公司会遇到“任务过多”的情况。导致这一现象的很大部分原因在于人们未能看到这些任务对实现目标的助益。若有一致的战略性优先任务，便能够有助于他人理解这些任务并实现最终目标。

描述关键性优先任务时，帮助实现本年度目标的任务与为未来做准备的任务之间有着很大的区别。我曾无数次发现许多员工对某些与近期目标无关的任务感到困惑继而认为这些任务与其无关。由于他们认为这些任务在他们看来并无意义，因此他们经常会说“任务过多”。

我试着在图 5.2 中说明了这点。准备爬山时，你通常能看到自己要跨越的第一座山峰，以及要到达该处一路需要走过的大多步骤。虽然登上第一座山峰之后为实现最后登顶所需走的路通常会被第一座山峰遮挡，但在该处，你通常还是可以看到山顶。

这一类比在商业中也适用。你可以看到自己为实现本年度计划所需完成的任务，你可能也清楚在五年计划结束之际需要完成的数字，但你可能并不知道到底该如何实现。你需要预测在这一未知旅途中所需完成的任务，并使自己对这一未知领域做好完全准备。

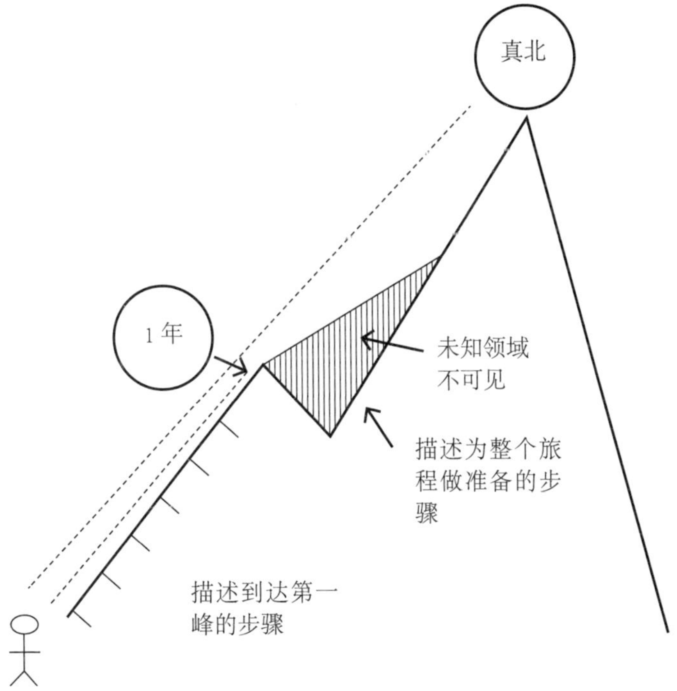

图 5.2 为未知做好准备

为了使员工能够更清楚，你需要区分实现今年目标所需的任务以及为到达第一峰后的目标所做的准备。

元素 3. 长期目标

那么，为实现每一战略性优先任务所需的四或五件事是哪些呢？你是否明确了建立杰出的品牌的定义？你是否有为近三年的发展设立目标？例如，你可以说，希望在第一年将品牌认知度从 20% 提升到 50%；在业内所有出版物中占有比所有竞争者更高的出镜率等等。

每一目标是否均与战略性优先任务一致？摩擦通常就产生于这些优先任务与目标之间。而也正是于此，一线员工们可以看到自己对团队的贡献。因此，设定优先任务以及目标是框架的重要部分。你是否有根据这些长期目标设定明确需要实现的短期目标？员工们如何知道自己是否顺利朝着目标前进？你是否有设置衡量每个目标的方法？如达蒙·巴菲尼所说，你需要清清楚楚地对你的员工说明自己的目标以及为实现这一目标他们所需完成的任务。

这便是框架右侧的完整内容。接下来让我们转到框架的目标侧。

融入情感

现在你的团队或许明白并接受这些目标、任务及衡量方法，那么他们是否被充分激励，能够全身心地投入实现这一愿景呢？或许并不。因此，我们通常需要借助框架的左半侧，提供鼓舞人心的使命或目标。

我经常能在不同的企业中发现受公司使命激励的员工以及未受公司使命激励的员工之间工作意愿的极大差异。那些真正被公司使命激励的员工通常会做更多事，工作更为努力，凝聚力更强，并且更愿意为提高绩效提出积极建议，甚至更可能向朋友或其他员工推荐公司。他们也会做公司要求之外的事：如加班；即便他人未提出要求，他们也会去帮助其他同事；提出改善绩效的方法。因此，鼓舞人心的使命是价值连城的资产。

元素 4. 使命

这一表述需要关注顾客或消费者。若你的公司或团队不复存在，那么损失的将是什么？你们继续存在的重要意义是什么？你的哪些行为会给服务对象带来影响？这是否会在某种程度上提升他们的生活？

我认为任务或使命表述需要强调顾客或消费者的利益。毕竟，他们是你存在的理由，付钱的是他们。除非你能够将使命描述得对其意义重大，否则如何吸引他人？在上一章节中，我解释了消费者为什么对员工最具激励性。让消费者参与其中，让员工们体会到消费者谈论你们产品及服务所带来的愉悦，这样一来，员工的参与度及生产力均会提高。因此，使命表述必须能够反应消费者的观点，即便你的消费者是公司其他部门中需要依靠你来完成工作的员工。

我所见过最佳的使命描述通常都是简练、易记、与众不同。在我见过的最佳表述中，大多都只有十几个单词。而上上之选更是只有八个单词。它们必须是易于理解、可信，并且必须强调你所传达的关键消费者利益。你可能会改变自己的愿景，甚至设置更高更具抱负的目标，你的优先任务可能会根据竞争威胁的增加而发生改变，但你的使命则将始终保持一致。使命的一致性可以使你在改变框架中的其他元素的同时保证其一致性。

你是否有书面的使命表述？若没有，便无法将其不断地在整个团队内分享。是否真实？它是否有助于你明确并优化决策？是否简洁？

最重要的是，它是否能够与团队中的所有员工产生共鸣？他们是否能够感受到自己与这一使命之间的联系并认可其重要性？

让我举几个简单的例子。

* 格拉克斯高·史密斯·克莱恩（Glaxo Smith Kline）（全球医药保健公司）——让人们实现更多、感受更佳、活得更长，从而提升人们生活质量。

* 迪士尼乐园度假区（游乐园）——为顾客提供机会，创造与朋友、家人及爱人的永恒记忆。（原文 19 个单词）

* 亚马逊（电商）——成为世界上最以顾客为本的公司；让顾客可以在线上找到他们想买的所有东西。（原文 26 个单词）

* 脸书的使命为——让世界更开放更密切。（原文 8 个单词）

* 谷歌的使命是——管理世界的信息，供全世界获取并使用。（原文 12 个单词）

* 耐克（运动衣物品牌）——为全球每位运动员带来激励与创新。只要有身体，你就是运动员。（原文 20 个单词）

我曾共事的客户的使命表述如下：

* HSL（健康安全实验室）——为英国创造更好的工作环境。（原文 6 个单词）

* 高兹普罗姆营销贸易公司（能源贸易公司）——成功的能量。（原文 4 个单词）

* 欧洲萨伯·米勒（啤酒公司）——酿造更多美妙时刻。（原文 5 个单词）

而一些知名非营利团队的使命描述如下：

* 儿童救助会——让世界对待儿童的方式获得突破，让他们的人生获得即刻且深远的改变（原文 20 个单词）

* 红十字(志愿者人道主义团队)——无论何人何地,有危险,便提供帮助。（原文 10 个单词）

* 乐施会（国际发展与救援团队联盟）——协助创造解决贫困不公的长效机制。（原文 10 个单词）

若你很难将自己的目标表述控制在 15 个单词内，那么你应该考虑模仿世上那些最令人记忆深刻的标语——那些与众不同、简短却让人印象极深的标语。

你是否记得以下标语？

* 必须一夜送达——联邦快递
* 驾驶机械的最终选择——宝马
* 包揽所有适于印刷的新闻——《纽约时报》
* 产品性能与包装所述相符——朗秀涂料
* 永不止步——阿维斯
* 绝不有意低价出售——约翰·路易斯
* 科学的仪器——扎努西

这些标语使这些公司从竞争者中脱颖而出，同时有概括了它们所代表的事物。它们的表述朗朗上口并且易于记忆——并且能够使你的目标表述更为优秀更为有效。它们都传达出了有力的消费者利益。

最后，你的目标是否能够体现你为社会做贡献的使命？

在近期遇到的众多公司使命表述中，我发现大多数的表述都倾向于称自己的目标在于“使股东价值最大化”。这些公司各不相同——从娱乐公司到矿产公司、汽车制造商到医药公司。它们的目标均相同。多么无趣。

虽然它们持续融资的能力显然很重要，而这也是股东对它们进行投资的原因，但我认为，将股东利益最大化只是实现目标中成功的一种衡量方式，而不是它们存在的原因。假如它们能将自己的工作做到突出，那么便能使顾客满意，使股东高兴并乐于予以支持，并使所在的社区更为融合，维持运营执照，并由于这些原因能持续发展繁荣。这将带来可持续的股东价值。

当今世界，你需要设立比利益更广的目标。人们对公司持有更高的期望。透明改变了一切，而领导者需要花更多时间来解释自己行动的裨益，并展示这些能带来长久动力的原因。

全球安保公司 G4S 董事长约翰·康诺利（John Connolly）表示："我认为现在我们必须为企业的使命设置新的定义。我们是为什么而工作？我们更需要关注长期可持续的成功。只有从长远考虑，才能够为企业创造更多价值。在没有未来的环境中，无论是社会环境还是物理环境，你都无法延续企业的发展。"

阿尔卡特朗讯全球通讯公司前执行总监本·维尔瓦叶（Ben Verwaayen）认为将"每股增长收益"作为使命表述与大多数员工之间并无联系：

"你所给出的东西应使他们感到激励，并且应该是与整个公司相关的东西。与此相同的，则是自上而下奠定正确的价值观。这两个元素一起则能够给予员工足够自由，使他们在职责中增加自己的智慧与创意。"

元素 5. 价值观

若领导能在诚信坦诚并尊重他人的基础上建立强大的价值体系，那么这类领导通常被认为最能激励他人。共同的价值观能够产生信任，并且能够使员工成为领导者；这样一来员工能够在相应的框架内采取迅速、有创意且灵活的行为。真正实施的价值观也会产生竞争差异。无论"顾客为谁"，你的员工对待"顾客"的方式比你所能想到的话语所能表达的内容更多。

谨慎地确定你想要的价值观并遵守——在团队的日常行为中予以表现。这些无形的价值观——通常被认为是"空洞"——能够转化为切实的行动，进而转变为报表上实打实的数字。

因此，价值观的影响必须要予以考量；领导者们应该确保未能遵守价值观的人应予以改正或淘汰。

不过，要明确价值观，首先应理解自己的行为。你的行为——做事的方式——是属于你的文化。而你的文化则是由你的信仰及价值观所引导。我建议，要确定自己认为正确的价值观，则应先从自己的行为开始。例如，假如你的团队成员经常上班迟到，那么显然你们对及时性并不注重。否则，你肯定会明确迟到是种不可接受的行为。同样，假如你所有的员工都能够在行为中超常地表现出对顾客的关心与考虑，那么你显然极其注重客户服务这一方面。若不同团队的成员经常一起从事不同的新项目，那么团队合作则是深根的价值观。

我共事过的大多数公司都会将其核心价值观控制在四到六点之间。但这些价值观中的每一点都可能包含四种或以上的行为要求。因此，先从框架中的行为部分开始，然后明确这些行为对于你价值观中的信仰体系到底意味着什么。

元素 6. 行为（行动中的信仰）

关于这点的关键问题很简单：我们所做的事中有哪些因是成功的必要而需不断继续进行下去的？哪些是我们现在仅偶尔为之但却应该做得更多的？为什么我们现在仅偶尔为之？有哪些事能够对成功带来重大影响但我们却从未去做？为什么我们从来不去做这些事呢？哪些事是我们做得很糟糕需要尽快终止的？为什么这些事未被制止？

若对团队中的每个部门均询问这些问题，那么便是在进行行为审查。通过这一途径，你可以发现许多对成功具有正面或负面影响的行为信息。若产生新的战略，那么你将迫切需要激发出新的行为，同时将其与影响成功的一些旧行为建立联系。为什么？因为新的战略必然需要不同的新行为，而这些新行为将会由新的信仰及价值观引导。

切忌在不考虑价值观的基础上建立新的战略！由价值观引导的行为将决定你是否能够实现短期目标，并最终实现未来展望。因此，值得花点时间考虑这些行为并确保你对现有的行为是否感到满意。与他人讨论现有行为以及期望的行为时，你会发现这些通常分为三个集合（见图 5.3）

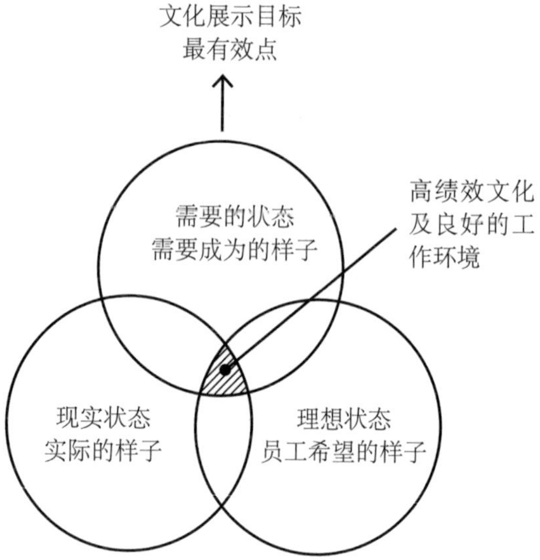

图 5.3 行为审查

* 理想状态——人们希望在理想的文化中的状态
* 现实状态——当前展现出的好的、坏的以及无差别的状态
* 需要的状态——为实现新目标需要逐步形成的行为

最有效点为三个圆的重合区域。该区域显示的是如何将“良好的工作环境”与“高绩效文化”融合在一起。你需要将三者结合。

若你未能实践自己的价值观以及由这些价值观衍生而来的行为，那么很快你的价值观便会成为空谈，成为挂在墙上的海报而已。员工们常常未能认识到团队的价值观。有时他们知道价值观的存在，但从未有人向他们强化这一概念，或根据这些价值观对他们进行衡量。大多数情况下，很少有人会考虑以此激发员工的正确行为。最终，许多价值观在员工眼中则显得空洞虚伪。这种情况常被归咎于高层管理者。员工们认为高层管理者存在双标的情况。

团队的价值观为团队行为提供了模版，领导者们应划定行为的下限。无论董事会成员还是一线员工，各层人员均应遵循价值观。违背价值观的行为应予以惩戒。价值观源自信仰，而信仰引导行为。你的行为便是实践中的信仰。

元素 7. 真北

这可能是框架中最有力的元素。真北是指什么？首先我先介绍下背景。

真北与磁北不同，真北会因为各地的磁场以及时间的不同而产生差异。罗盘永远无法显示真北。事实上，磁北在过去几百万年来发生了极大的变化，偶尔还会发生反转，因此在地球的历史上，有时磁场北极会出现在地理南极附近。

明确真北对于准确的航行至关重要。而这一比喻所指的内容也是如此。在人生旅途中，我们常常会对自己的处境、前进方向以及正确的道路感到迷茫。而明确自己的真北所在则能够使我们沿着正确的道路前进。

真北的所在不容商量，并且永不会改变。在当今变化频繁的时代，路线图用处不大。但无论你身处何处，好的罗盘总能指向北方。只有当团队集中于自己的真北，成功才能随之而来。

要到达真北，通常需要多年的努力。这应是超越公司当下能做的所有事情。几乎可以确定的是，你将无法确定是否能够到达真北。有时称之为“宏大而又无畏的目标”，而这些声明则能够真正地为未来展望创造动力。举几个例子？

* 三年内盈利 10 亿美元（当你目前仅能实现 1 亿美元）
* 到 20XX 年成为国内最受推崇的机构（当你刚刚起步）
* 成为行业中的中流砥柱并创造具有全球性竞争力的产品
* 挤压最大的竞争对手
* 在每个服务市场成为第一

以下为一些真实的例子：

* 亚马逊：每一本印刷出版的书，无论是哪种语言，都将在60秒内在亚马逊上可售。

* 福特：使汽车大众化。

* 惠普：成为世上管理最佳的公司。

* 微软：让每个家庭每张书桌上都有电脑。

需要明确的是，你的使命、未来展望以及真北之间应有所差异。展望应该是未来三年公司计划的清楚表述。使命则是你存在的理由，表述为客户或消费者的利益。而真北则会是一个长期的可能永远无法实现的目标。

展望框架的所有元素须相互联系、相辅相成。例如，你的所有价值观应明确支持你的未来展望与使命。而你的行为应与战略性优先任务的实现清晰关联。若展望框架中能够形成这种程度的连贯性，那么你便能够在整个公司中创造出相应的凝聚力。

展望框架一旦完成，则成为一页该表的宣言。虽然可能由于层次大搞而不够具体，但是当团队将高层次战略性优先任务与目标转化为与自己工作领域更为相关的具体目标时，你便在团队中的各个层级之间建立起了目标的一致性。管理者须与员工讨论这一宣言并询问：对于这一宣言，我们自己的版本是什么，我们将如何帮助实现公司目标？

展望框架是对话的动力，而对话则能够加速改变的节奏，并促进整个团队获得成功。

06 融合外部

我们都有顾客。无论服务对象为团队内部人员还是外部人员，我们的行为均存在受益对象。比起你对员工们绩效的影响，让员工了解这些对象的感受能够提升他们的绩效。以下是融合外部、提升动力的八种方式。

无论从何种角度来看，高朋团购（Groupon）这家在线折扣公司都是一个重大的成功。该公司成立于2008年，其名称源自“group coupon（团购）”这两个英文单词。该公司网站上会显示当地公司或全国的公司可用的折扣礼券。2008年时，高朋仅有芝加哥这一个市场。短短两年内，它便为北美、欧洲、亚洲、南美的两百五十多个市场服务，并拥有了三千五百万名注册用户。2011年，该公司便在纳斯达克上市。

高朋团购创始人及首席执行官为安德鲁·曼森（Andrew Mason）。2013年由于公司股价大幅度下跌，造成人们对其业务的可持续性产生怀疑，进而造成公司大量损失，安德鲁因此卸任。被解雇之际，他向全体员工致信。在坦诚真挚的备忘录中，他向员工解释了他被解雇的原因。他写道：“过去一年半里发生的事本身便可说明一切。作为首席执行官，我有责任。你们在高朋的工作是了不起的，值得外部给予你们第二次机会。而我则是实现这点的阻碍。新的首席执行官将为你们争取这一机会……是时候让高朋从公众的质疑声中解脱出来了。”

安德鲁又向高朋的员工提出建议。他说道："这一路的经历或许能给你带来的感悟便是：要勇于从客户开始。我最大的遗憾在于决定客户的最佳方案时缺乏足够的数据。这次领导层的改变能够给大家一些喘息的空间，来打破坏习惯，并实现可持续的客户愉悦体验——不要浪费这个机会！"

从客户开始！打破坏习惯并实现可持续的客户愉悦体验！这是安德鲁遗憾自己未能发现而导致自己未能对公司进行大胆的规划展望，并使其迅速发展为全球性的成功案例。这对于所有的领导者而言也是值得借鉴的教训。应该总是将自己的"客户"放在首位。

但从客户开始到底意味着什么？而你的客户到底是谁？如何使你的员工将客户置于考虑中心？如何激励自己的团队，使他们愿意提供优秀的服务或产品？

你在所有的沟通中都需要给你的追随者们指明意义。这样做可以帮助他们，将对他们而言重要的活动及事物建立联系。你需要给予他们重要的使命，需要为他们创造一个有归属感的环境，并确保妥当的回报以及适宜的工作与生活之间的平衡。这些均能让员工感到具有意义以及情感上的共鸣。提供具有意义的工作对工作动力具有极大的影响。

有个老故事充分说明了我所表述的意思。有三个人用铁斧……当有人问他们在干什么时，第一个人说："将大石块劈成小的。"第二个人说："赚钱养家。"第三个人说："建教堂。"

显然，第三个人工作动力最高，因为他觉得自己的工作有着更高的使命——筑建一个人们可以祷告、梦想或忏悔的地方。这样看来，他所做的事情便十分具有意义——他是在帮助他人。

无论我在哪儿工作——非洲、欧洲、中东或是英国，我发现帮助他人总是人们生命中最重要的价值观之一。认为自己的工作具有意义的人通常不仅会觉得更幸福并且更努力，同时实际上也会是更好的员工。而你作为领导者如何通过沟通传达这层意义对于他们的努力以及你的成功都至关重要。将自己的成功——财务目标的实现——置于员工认为重要的事情之前是个致命的错误。

我永远记得与英国航空公司员工共同检测新的管理使命宣言的经历。新的宣言表达了想成为全球航空公司龙头的希望。在讨论中，来自全球的团队与英国航空公司不同部门的员工不断告诉我，这一使命宣言对他们而言毫无意义。每天把他们从床上叫醒的是他们想帮助人们获得出行愉悦的这一想法。许多人讲述了他们看到乘客在机场见到亲人给他们带来的快乐感受。当我们制作了一部影片展示人们在全球各地的机场与朋友、亲人及同事相聚，并将其展示给员工看时，全场无人不热泪盈眶。

将团队成员介绍给他们的客户

当管理者找到方法将员工直接介绍给他们的服务对象，并使服务对象能够告诉团队成员他们使用产品或享受服务时的感受，管理者便将团队成员的日常工作与其服务帮助他人的深层次需求建立了联系——这样一来便能释放良好的绩效。

看到其他人的感受能够改变你自己的感受。无论是在一线工作还是幕后，我们都有客户。他们可能是内部的客户、产品或服务的终端用户，或实际的客户——这些都是我们服务的对象。对我而言，从客户开始意味着确保将客户融入团队，并使他们的感受成为员工行为的动力。

若员工能亲自从客户或终端用户身上听到产品或服务对他们的裨益，这比通过其管理者转达更能激励他们的工作。若他们的工作能够对他人有积极的影响，员工们便会更受鼓舞、更有满足感，并且往往能更高效。

运用外部观点塑造内部认知

那么，将团队成员与终端用户建立联系的管理者为什么能够激发更优的绩效？原因之一在于团队成员通常会对管理者传达的信息持怀疑态度。相较之下，由于客户能够为员工的工作效果提供有形的证据，因此客户被视为是更可信的信息来源。有人称之为“外包激励”。

为什么会这样呢？我认为，比起逻辑与分析，人们更易受能够促生情感的事实影响。因此，如前面的章节所述，努力理解关键受众的感受至关重要。要取得成功，你需要从理智和情感两个层面使人信服，不过你需要竭力思考如何让人们能从情感的角度看待问题与解决方案。改变总是会遭遇障碍，但若人们真的渴望实现，障碍总能被克服。通过让员工看到并感受到客户体验，你将这种通常无形的事物转化为了有形的存在。

我常会在公司中发现的最大问题之一便是管理层将大量的时间与精力投入到使命声明中，却发现他们的员工对此并不能产生共鸣。这可不是个小问题。因为使命声明通常表达了你的领导战略，并且通常会呈现为对客户的承诺。若员工很难或无法与其建立联系，那么你又该如何实现你的计划？关于这点，幕后的员工通常会比一线员工体会更深。一线员工每天都能看到客户所做的事以及他们的感受。而对于幕后的员工而言，他们通常不知道自己的工作对客户究竟有什么影响。他们缺乏直接的接触，而他们需要这种以理智之外的方式真正强调客户需求的接触。

品牌承诺被视为公司术语

与各种类型不同规模的团队合作过后，我发现经常会有团队成员表示他们并不理解团队的使命声明或品牌承诺，并且他们不知道这些如何引导他们的日常工作。于是，品牌承诺成了公司术语，与他们无关。

鉴于将员工的工作与品牌承诺建立一致性对于实现公司目标具有核心重要作用，因此，这是领导者能做的最重要的事。但我敢打赌，你的员工中很少有人知道他们的表现对实现团队目标具有怎样的影响。

从理智上来看，有谁能反驳应将客户置于首位的这一想法？因此我们可以发表这样的说明并真正认可其必须性，但还是无法加倍努力确保客户体验的品质。当你与客户建立联系并能看到他们从你的工作中获得的情感裨益，你便能够产生成功的欲望，而这一欲望的产生仅凭管理者本身是无法做到的。

因此，真正的领导者会寻找各种方式来在客户体验与员工行为之间建立更紧密的联系。这些领导者总是在讲客户，他们会将关于客户体验的故事带入会议与讨论，带入走廊和茶水间的聊天之中。他们会让员工讲述看到客户对他们的产品或服务感到满意时的感受，会让员工们分享自己格外用心为客户服务的故事。他们会将客户满意度的研究带入头脑风暴，并使员工不断地关注这一数据。他们甚至会让客户加入会议，并让他们用自己的语言讲述哪些员工能更深层次地了解他们的需求以及产品或服务的好处。有些领导者甚至找到方法让终端用户或客户加入团队，共同创想更有效的方案或产品。

通过让客户或终端用户加入团队，领导者们便是在以无声的方式进行沟通。他们传达出强烈的信号表明这点的重要性。他们表现出了倾听的准备以及对客户的关心。即便这种情况下是由客户来发声，这种沟通也十分具有效力。

毋庸置疑，当客户与员工建立直接联系，激励效果更佳。不过，领导者们常会缺乏与终端用户的接触，并且在讲述客户激励人心的故事时也应更具创意。

交接好棒，赢得胜利

用创意的方式分享终端用户的故事能有助于团结员工并鼓励部门之间的团队合作——而这有助于改善客户服务。我有时会推进公司部门领导工作会，并鼓励他们进行我称之为“交接棒”的游戏。游戏很简单。从客户开始，然后倒着将实现这一结果所需的所有流程走一遍。很快你便会发现工作流程需要跨部门合作才能获得成功。而跨部门合作在交接棒时应谨慎有效以获得最佳效果。我常有趣地发现部门经理在意识到为了确保成功需要交接多少次接力棒后震惊的表情。了解其为什么如此重要，能够带来很大的不同。

我前面已说过，让客户与员工直接对话通常是最佳的方式。这无疑是最有效的方式。更好的做法则是定期让不同的客户来讲述产品及服务对他们的不同影响，从而使用这些不同的故事来说明优秀的服务与产品的不同方面。

假如可以，你可以让客户按照问题——方案——益处的模式来讲述自己的故事。他们需要面对的挑战是什么？如果你的服务对象是病人，那么他们需要承受的挑战与困难是什么？怎样才能使他们生活更便捷？假如客户是来自服务行业，那么他们所面临的挑战以及对此的感受又是什么？你的产品与服务又如何解决这些问题？哪些特征能够带来最大的优势？最后，从效力、价格以及情感角度，他们从产品及服务中能如何受益？

移动端的视频客户

若不能与客户进行直接对话，那么可以通过视频或拍摄访谈的方式记录他们的感受。现在用带有摄像头的手机很容易便能实现这一点。这里我们指的视频并不要求像素质量有多高，而是需要带有强烈情感影响。这里看重的是故事的质量而非像素的高低。

若上述两者均无法实现，那么便可选择让员工直接采访客户，然后待他们回来后让他们亲自转述这些故事并播放相应视频。假如他们被客户打动，那么他们所能传达的情绪便比你自己更具有说服力。

假如无法采取这种方式，那么可以寻找其他让客户定期参与进来的方式。这个可以采取反馈、调研或是在社交网站上的在线观测等方式。

定期的反馈对于提高绩效是个很有力的刺激因素。因此，问题的关键在于如何获得这些反馈，并将其运用于自己的团队？

为何不采取让一线员工尽可能频繁地从客户身上获取反馈的方式？将获得的信息提供给幕后员工，然后共同寻求问题的有效解决方案。与其采取偶尔进行的满意度调查，不如坚持从客户身上获得持续的反馈，并将其用于不断地推进团队进步上。

考虑何时对客户进行调研

回到英国航空公司的例子，我记得自己经常会对当时客户调研的方式感到困惑。调研人员会在行李大厅接近客户——由于此时他们需要在行李转盘边等待，因此通常无法走开——并询问他们对飞行的感受。

这在我看来十分奇怪。因为每次在等行李的时候，我都是又累又不耐烦，迫不及待地想要回家或赶紧通关去与亲人相聚。关于飞行的感受则是我最不想聊的话题，因此，我的反馈通常不会太正面。假如调研内容很多，我便会变得尤其烦躁。

我想，为什么当我还在飞机上的时候空乘人员不询问我飞行是否愉快？她们应该能够判断我的情绪以及我是否平易近人。这样一来，空乘人员在每次飞行结束后都可以将这些观点进行反馈，而管理人员可以更系统地掌握反馈情况进而改善绩效。而我们也能够获得连续的反馈，从而提高灵活度。同样的想法在成千上百的不同公司中均可适用。

线上客户协调

在这个光速变化的世界，实时协调终端用户或客户至关重要。在这个透明且数字化连接的世界中，客户的忍耐程度极大地下降。他们不会再为投诉的反馈等上几个星期。他们会在推特或脸书上向自己的朋友抱怨。假如他们投诉问题的表达方式足够有新意，那么便有可能以惊人的速度在全球扩散。

例如，由于用户的反对极其强烈，在线视频公司网飞（Netflix）不得不将一个创意扼杀在摇篮里，因此被迫陷入一场令人尴尬的流量下滑。该公司计划将 DVD 租赁发展为名为 Qwikster 的独立服务。消费者并不买账，并在社交网络上掀起抱怨的狂潮，几个小时内就使这一品牌遭到了极大的损害。

网飞公司发言人史蒂夫·斯威泽（Steve Swayze）不得不承认网络也是个强有力的均衡者。“我们犯了错，使我们的品牌受损，现在我们在一步步地进行修复。”

若某人能够聚集成百上千人规模的军队，那么这个人就成为需要认真对待的一股力量。由于脸书、推特等功能的便捷使用，公司与消费者之间的力量天平已极大地向后者倾斜。

因此，最杰出的领导者现在会对社交媒体进行持续的监测，并总是以此来得出观察结果。这些结果可以刺激改善个体消费者体验、识别消极趋势或是发现整个新产品或新服务链的机会。

我记得一家女性成人用品连锁店营销主管盛情款待的经历。这家店是运用社交媒体来改善服务。让我觉得有趣且有点不自在的是，她告诉我监测聊天室里的对话通常会使她在第二天便采取行动。她所讲的内容中，有件事让我记忆深刻。她讲到两位女性在线上聊天中讲到一位店员打了唇钉、鼻钉和耳钉。两位女性在打算购买成人玩具时都觉得这个店员可能会不干净，于是便放弃了购买。第二天，这位营销主管便要求所有店员在上班期间要将自己的耳钉等穿刺类饰品移除，这一情况便是隐藏在行动后的观察。

警惕错误数据

郭士纳（Lou Gerstner）自 1993 年 4 月至 2002 年底担任 IBM 的董事长兼首席执行官。IBM 业务的好转很大程度上归功于他。如何做到的呢？真正地融合外部。网上有个视频是关于郭士纳讲述自己初到 IBM 的发现。他要求看消费者调研情况，然后很惊讶地发现报告显示消费者们喜爱 IBM。他问，公司财富暴跌，消费者成群离开的情况下，怎么可能会有这样的调研结果呢？一个月后，他再次要求看这些数据，发现在公司财务每况愈下的情况下，调研结果居然还好转了！于是他问了个关键的问题：这些数据是如何收集的？得到的回复是，消费者账号管理者选择调研对象，假如对方太难联系，他们便以自己真的了解消费者的这一基础自己填写调查问卷。郭士纳表示，这种做法既滑稽又可悲。

但令人沮丧的是，这一方式并不少见。有几家我共事过的公司就曾采用这种方式，包括英国原子能量机构。当时该机构准备以商业科学工程咨询机构在股市上市，我们当时在做大量的工作来提高大家对该机构的认知。我当时做了大量研究，调查了许多不同的股东对该机构的看法。我们调研的对象给出了一些让人担忧的反馈。虽然他们喜欢我们所提供的科技，但他们认为我们在以消费者为本以及提供优秀服务方面仍有许多东西要学。

我返回该团队去向科学家与工程师反映我所听到的信息，我的报告则收到了反对意见。他们告诉我，他们了解自己的客户，并且知道他们十分满意。他们制造了证据证明自己的调研结果，证明自己所说的是事实，并且拒绝了我想要改变这一情况的所有想法。我感到十分沮丧，便回到了案前。这次，我进行了更广泛的客户调研，并要求调研员让客户用自己的话举例说明失望的情况。同时，我要求获得机构的咨询员进行的“调研”。我并没有说他们的调研有误，我只是对比了调研结果并鼓励辩论与讨论，以促进新想法。直到看到等待被叫的客户所说的话，机构的员工们才感到震惊，继而才采取相关行动。

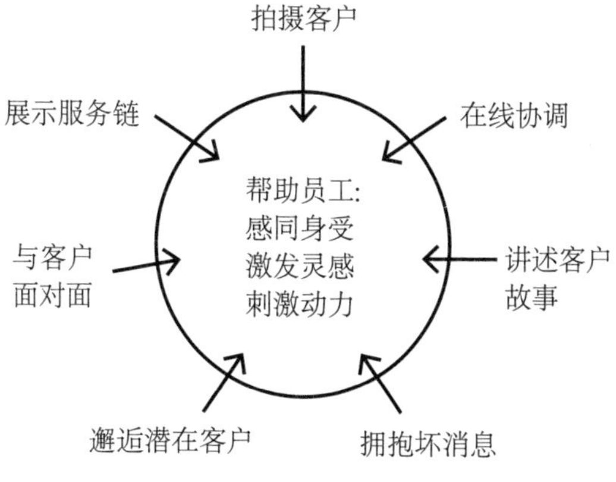

图 6.1　融合外部

为什么要爱坏消息

你需要始终表现出你对客户消息的喜爱，无论其是好是坏。假如是好消息，你可以以各种方式对其加以运用从而加强正确的行为。最有趣的是，你可以将这些好消息运用于其他客户以增加销量。假如是坏消息，你可以对问题进行修复。（因此，领导者必须成为坏消息喜爱者。坏消息是解决问题的方式之一。但是，一定要小心！假如你在听到坏消息后便恶言相对，那么便会阻断坏消息的来源，这样一来便失去了确保成功所需的重要反馈来源。）

这些如何转化为你的行动计划？如下所示：

* 你是否知道自己的团队成员在讲什么故事？他们的故事是否关于客户及服务以及改善的方式？或是关于他们的挫败情绪，或是关于糟糕的管理、办公室政治，或是阻碍其工作发挥的限制？你着实需要了解这些问题的答案。

* 你更希望他们谈论什么？设想下这些故事并进行描述。假如只有你知道，那么便告诉他们可能的情况。

* 你是否能够是客户与员工定期进行对话？假如你有个固定的内部团队，你是否能使终端用户加入到你们的会议中来讲讲他们的问题与见解？你是否有选择不同类型的客户？丢失的客户呢？他们离开的理由是什么？让当前的客户参与其中。他们喜欢或讨厌什么？他们希望看到什么结果？潜在的客户呢？吸引他们来购买你的服务的原因是什么？这些部分能够形成有力的刺激，并且在董事会、执行委员会以及团队中的所有会议均适用。

* 假如无法让客户参与到会议之中，你是否会走出去对他们进行拍摄？其实很简单——询问他们做什么，怎么做以及这么做的理由。询问他们的工作是如何从你所做的事情中受益。假如只有手机，那就可以直接用手机进行拍摄。许多手机现在都有高清摄像功能，我觉得该功能已经足够。把这些视频传到电脑上或投影仪上向员工们展示，进而引发大家就如何改善相应问题

进行讨论。

* 你是否有定期进行客户调查？是否有定期甚至是每天就最重要的事实询问简单的问题？你是否有将得到的结果向自己的团队反馈以推动讨论，改善绩效？当看到办公室的墙上画着标示目标进展的图示时，我仍然会感到震惊。原因很简单——他们使绩效可视化，并且能使员工产生极大的动力。当你把客户反馈与办公室的进展图联系在一起，你便向团队传达了一个强有力的信息，并使他们每天都能看到这一信息。

* 你是否会定期上线检查客户的感受以及他们对你们的看法？假如你自己未能亲自操作，那么是否有安排他人进行？他们是否每天向你反映情况？在网络上，每天都有上百万的人在以一种极其直白的方式进行讨论，这使得我们能够获取大量的真实的信息。无论你是否喜欢，人们都会对你们进行讨论。假如你能融合进来，便可以利用他们所说的内容来研发新的服务或产品，改善现有的，并创造与客户沟通的新方式。

* 不要忘记你所发掘的客户的积极反馈，可以将其运用到自己的团队之中。把这些故事运用于潜在客户时也能产生极大的动力作用。鼓励员工在团队内外自己讲述这些故事。我们都知道话语是提升销量的有力刺激因素。那么为什么不先从自己的团队开始呢？

* 切记终端用户与客户能够提供三种刺激因素。若你的团队能够更好地理解客户所面临的情况并相应地提供更合适的服务或产品，这便是第一种因素，使人感同身受。这也是灵感的来源。第二种，当客户讨论他们所获得的受益以及对他们生活所造成的改变时，这就产生了使员工更加努力工作的动力。第三种，当客户只是简单地感谢你所做的事时——这便能鼓励你不断地继续做自己现在所做的事。

让客户成为你所有对话的主题以及提升员工参与度的方式。

07 通过有力的对话提升参与度

如何运用对话来推动文化，为何文化能够传递目标？

即便是处于经济动荡的年代，员工参与度高的团队表现要优于其竞争者，并且能够取得超出平均水平的成果。他们的员工会更积极，具有更高的产能，并且能够实现更好的结果。这些优势都是由领导者与团队进行的对话塑造而成。下面是有力对话的相关指南。

我的客户看起来既满意又困惑。他是一家环保服务公司的首席执行官，刚视察了全球 15 处办公地点归来。我问他在这趟英国、美国、新加坡等国之旅中有什么收获。（我们的指导课程中有个惯例，就是寻找方式让他对自己的公司进行思考，并得出对他的领导能力产生实质性帮助的观点。）

他说自己对有些员工投入、自豪、精力充沛的现象感到震惊——但这个只是其中几个办公处的情况。这让他看到满意，同时也感到困惑。因为他知道精力十足的员工能够带来的积极效应，但他不知道为什么不是每个办公处均是如此。

我问他认为其中一些员工的充满自豪感与精力的原因是什么？他想了一会儿，然后表示不知道。我问他这些精力充沛的员工是否表现更为突出。“正如你所说，”他说道，“员工的工作热情、求知欲、激情等越强烈，他们的表现往往越好。”

我们都认为他在两个月后进行下一轮巡视时对这个情况更为关注。

“如何？”在接下来的课程中我问道。

“我不确定，”他沉思道，“我唯一发现的情况便是他们似乎更了解公司，了解我们的工作目标及方式。他们有更多的想法，更能挑战我。他们看起来具有更高的参与度。我想，比起其他办公室的管理者，他们的管理者可能会与他们沟通更频繁，并且会让他们更多地参与到决策当中。”

我们决定采取这一观点，并寻找方法鼓励各地的管理者更多地与员工讨论如何改善业务。为确保这一情况的实施，我们宣布进行员工调查，询问他们近期是否有与其领导谈话。这样一来便可促使管理者走出办公室，不然就反映出了他们与一线员工之间缺乏沟通。然后我们给管理者一些我们希望讨论的主题，并要求他们将员工所讲的内容进行反馈。假如未能及时反馈，我们便知道他们没有采取切实的行动，这便会纳入员工调查结果。

你猜情况如何？短短几个星期内，我们便欣然发现员工的参与度与创造力更高，并能提出更多可行的观点。绩效在几个月内便呈现出了提高的态势。而这些成果的实现并非管理者进行了团队领导能力培养，而仅是强制要求进行对话而已。我们确实坚持在基于那些讨论的情况下，管理者可以在自己权限范围内进行决策，并将他们认为无法决定的决策上报。他们的上级管理者可依据自己的权限进行决策或将其再次上报。我们常发现，他们只是认为无法决策，而非受公司规定束缚。他们同样也会将需要上级决定的敏感事务上报。所有事务的节奏都加快了。

这是个倾听的过程，而非做简报的过程，并且带来了极大的效应。

团结与参与的力量

这让我得出了个必然的结论：你话说的方式是员工感受你的领导力的方式。你如何鼓励他们与你及他人进行对话将决定你是否能够推进团结，提升参与度。

假如你希望所有员工的努力能够集中于实现战略目标，那么团结便至关重要。同时，只有在员工全心参与的情况下，你的目标才有可能实现。

参与度高并且努力付出的员工是任何公司的真正资产。但多项调查表明，仅有三分之一的员工认为自己积极地参与到了工作之中。其他人则没有发挥自己全部的能力、努力与潜力。

多么浪费啊！

即便在经济动荡的年代，员工参与度高的企业整体表现也是优于其竞争者，并且高于平均水平。他们的员工态度更积极，具有更高的生产力，并且能实现更优的结果。

促进参与度的因素是什么？

根据英国政府委托制作的报告《保证成功》（Engage for Success）作者大卫·麦克劳德（David McLeod）与奈塔·克拉克（Nita Clarke），具有高员工参与度的团队通常具有四大主要促进因素：

· 可见的授能 / 令人折服的领导，能够对团队进行强有力的战略描述；

· 高参与度的管理者，能够关注员工，给予他们权限、将其作为个体对待，教授员工并开发其潜力；

· 团队中有力的员工发言权，员工被视为解决方案的核心；

· 强调上下均能通过日常工作体现团队价值观的团队文化；

参与度对绩效会有怎样的影响？关于这点有许多例证。在商业团队中，参与能够转化为收益增长。例如，英国的大型零售商玛莎百货发现，根据每四年的数据，参与度提高的店面比起参与度下降的店面平均每年销售额高出 6200 万镑。英国连锁超市森斯伯瑞（Sainsbury’s）也发现参与度与销售成绩之间存在联系，员工参与度对商店同比增长的影响可高达 15%。

参与实现高生产力与高绩效，并能提高创造力，减少缺勤率，改善员工状态，提高员工保留率，并创造更好的健康安全记录。最重要的是，高参与度能够促使员工更好地了解客户需求，继而带来更高的客户满意度与客户保留率。又如在医院中，员工的参与度越高，病人的满意度也越高。

有哪个管理者不想看到这样的情况呢？

因此，参与度的这四个促进因素——提供战略方向、给予员工话语权、使员工参与方案寻找以及实践价值观——对于有效领导力而言便至关重要。而对话，则是实现这四点的方式。

为了沟通的目的，你可以采用简报或海报等印刷材料，也可采用团队内网或电子邮件，甚至可以用推特、脸书或短信等方式。通过这样做，你可以告知知识，并可能提高员工对事件的认知。你可以改善运势，甚至营造更相互理解的氛围。不过，若要持续对员工产生激励，你需要采取对话。

对话带来改变——事实

自《领导者的语言》一书出版以来，我与成千感兴趣的人进行了对话。最超乎他们想象的收获便是了解到杰出的管理者会确保团队内能进行正确的对话。杰出的领导人明白是对话带来改变，确保进展。

不知道你是否能够理解这点？你生活中主要的关系难道不是通过坦诚全面的对话而发生改变（愿是好的改变）？那么工作中为什么会有差别呢？这便是本书的关键部分：领导者需要学会如何在对话中以及通过对话的方式来提高员工的参与度。

管理者的任务在于激励他人取得优秀的结果。这听起来很简单，但当今世界，领导者们所处的条件极其苛刻。尚可的沟通与鼓舞人心的沟通之间的差别可能导致不良绩效与杰出成果这两类不同的结果。

若想成为成功的管理者，你需要掌控自己团队内的对话。无论你是否喜欢，你的团队中每时每刻都在发生着对话，其中许多对话漫无目的、毫无价值。

你需要对这些对话进行引导，确保它们能使员工清楚认识目标，认识为实现目标自己所需完成的任务；确保它们能提高员工的参与度，并增强团队的团结。之后，你需要通过更多对话来促进问题解决、反馈、创意、行动以及持续的进步。

正如我在前面章节所说，若你希望员工能够实现目标框架，那么你需要将其进行分享，仅仅通过邮件将其发送给他人并不能实现这一目的。你需要进行对话来确保理解，只有当员工能够理解并谈论他们如何通过自己的行动来为目标实现做贡献时，他们才会为其努付出。

高校的管理者会运用对话以及第五章中提到的目标框架来确保员工真正理解团队的真北、使命与价值观、短期目标、战略优先任务，以及成功所需的行动。这些对话可以给予员工希望在工作中寻求的意义与使命，因为他们帮助创造了团队使命及目标与个人行动之间的“清晰瞄准线”。这为他们的决策提供了语境、意义、重要性及框架。这些对话可以帮助员工作出正确决定，并且使他们不会对变化感到惶恐。而他们对这些抉择的努力付出则会影响成败。

真的只关薪酬?

有人说，一切都是关于薪酬。没有钱，便无法购买食物、支付房租、学费或工作开销。话是没错，不过，薪酬虽然是做好工作很大的因素，但还有许多其他因素也对绩效有所影响。

针对美国、英国、日本、德国、瑞典、以色列的员工进行的国际工作意义调查显示，金钱回报与工作兴趣、归属感、友情、学习有用的知识等处于同等地位。当被询问“工作目的”时，人们倾向于把薪酬放在排序的底部，而学习新知识的机会、人际关系、晋升机会等位列榜首。被授予权力、受重视、参与决策等也是关键因素。

无论何时你询问追随者对领导的期望，你会得到的回复都是他们希望领导能够有良好的沟通、具有激励他人的能力，并且为人正直。猎头与领导力咨询公司的菲力·怀特海德·曼恩近期所做研究表明，成为一名良好的沟通者是与成为高效的领导者最为相关的品质。激励员工的能力被视为第二重要的特质，而具有良好的道德标准则被视为第二重要的“领导因素”。这三种因素一起便塑造出了“鼓舞人心”的领导者。

然而，令人遗憾的是，认为自己的领导鼓舞人心的员工比例仅不到五分之一。

为什么会这样呢？让我们实话实说。你能否通过一次优秀的演讲或报告便激励了你所有的团队成员？或许你可以做到这点。你可能正好是一名极其具有天赋的演说家。但我们大多数人都并非如此。不过即便可以，一次优秀的演讲最多只能带来短暂的效果。要实现长期的激励，你需要做得更多。你需要不断地进行勇敢且有力的对话。然而，这些对话通常都会被忽略，中层领导者并未受过这方面的训练，并且中层领导者并没有就把控重要对话这方面受过相关培训，具备相应能力，或以此为标准接受评价。

此外，顶层管理者也通常不会对这些对话的质量进行审查，也不会以系统的方式对这些对话的反馈进行收集。

为什么文化是秘密武器

然而，对话决定文化，而文化则是优秀团队的秘密武器。我曾听许多管理者表示，文化比战略更重要。文化指的是“做事的方法”，它是许多团队保持不同的唯一的长期点。由有效的价值观引导积极行为的有力文化意味着团队的行为——在每个关键点——均能保持正确。领导者无法把控以团队名义进行的所有决策，但每个个体的行为都可能使一家全球性的公司陷入水深火热之中。一旦这种情况发生，所有人都会将关注投向领导者。

我们生活在不断迅速变化的世界之中。唯一的应对之策在于形成灵活的文化。然而，只有员工不断地进行沟通，彼此之间建立信任，才能够产生这样敏捷的回应。

你是否经历过毫无变化的一年？可能性不大。与之相对，你可能会经历多次全团队范围的变化。领导变动、市场变化、裁员、收购、新电脑及信息技术系统、产品与服务的变化，进入新市场新领域，或者是战略的变化。有些人甚至可能在一年之中便经历了以上全部的变化。这看似难以置信，但却是事实。我现在正在应对一位客户的问题，当我写这本书的时候，这位客户正经历着以上所有的情况。

在快速变化且不确定性高的时期，若不能借助不断的勇敢的对话，人们可能会迅速迷失，不清楚自己应该做什么，失去实现目标所依赖的联系，不清楚自己要完成工作所需要了解的东西，甚至对未来失去欣喜。恐惧、焦虑、沮丧等会带来表现不佳与失败——这是与我们所需的正好相反。在不断改变的环境中，灵活性是成功的资产。从这一意义上来看，灵活性既是态度也是特征。当员工认为变化是做生意的正常组成部分，并将其视为发展的机遇，那么他们便会更佳积极。当他们拥有迅速转变及决策的团队能力，并且他们的态度乐观积极，那么你便具有竞争优势。

化不可能为可能

什么会影响灵活性？简单来说，假如团队成员认为他们的上司不是优秀的领导者，并认为他们大多数都自大、沟通能力差且冷漠，这样的环境便会对灵活性造成负面影响。假如他们认为管理者只关心数字而不关心成员，这是导致团队成员幸福感低的一大原因。与之相对，假如团队成员觉得幸福并对自己感到满意，那么他们便会表现出来。他们会更享受工作，生产力也更高。我常发现，能应对最具挑战性工作的通常是那些幸福感最高的人。他们会不断提高自己目标的难度，并总是全力以赴。假如能使团队成员在意结果，使他们觉得自己的工作能够带来不同，那么他们便会化不可能为可能。

制定方向是管理者的工作。优秀的领导者会先咨询员工后再制定方向，但除了员工的观点外，他们也会参考许多其他信息。他们会考虑市场条件、竞争对手的举措、经济趋势、客户观点以及其他许多因素来决定战略方向。员工也清楚这点。但他们希望自己的观点能得到考虑并受到领导者的尊重。一旦方向确定，领导者接下来便必须宣布其意图。

管理者需要一定勇气才敢直说："这是我们的目标，这是我们不可实现的梦。我知道我们能实现，也必须实现。但我不知道如何实现。帮助我。"

这样的目标会意味着较大的改变。把变化强加于人会让人觉得自己成了变化的受害者。但若你能提出实现目标的方法，以及参与做出能加快改变的抉择，那么你会更了解自己的掌控权，并能对目标全力以赴。因此，我常建议管理者不要再使用"改变"这个词，而是相对更多地使用"选择"这一表述。

在研究过程中，我在一个关于乐透的实验中看到了一个突出的例子。研究员给一半的实验对象每人一张已写明号码的乐透券，然后给其他实验对象一张空白的纸，让他们自己选择自己的号码。然后他们被邀请摇出幸运号码，研究员根据号码提出购回他们的乐透券。他们想看拿到已显示号码的乐透券的人与自己写号码的人需要支付的数额是否相同。由于乐透随机性太高，照理说价格应该差别不大。在不同的地方做的一次次实验得出了相同的结果：研究员需要向自己选择号码的实验对象支付五倍以上的费用。

选择改变，每天皆是如此

当我们可以为自己做选择时，我们会为结果而更加努力。因此，工作上的对话安排必须要使团队成员能够为自己选择。我知道这对大多数领导者而言十分困难。他们可能会跟同事进行对话，倾听一会儿，然后就会不耐烦地说："没错，这就是我们要做的。"通常情况下，他们知道答案，并且很早以前便确定了什么是必需的。他们会将自己的决策强加于团队，而非引导团队做出正确的选择。但这样做的话便忽略了选择反应式。比起告诉团队成员应该做什么，给他们时间，让他们可以得出正确结论并做出正确选择更能鼓舞人心，会使团队成员更加努力。不要把管理任务看作是告诉其他人要做什么，而是激发自己的团队去想要做你希望他们去做的事情。

在另一个不同的实验中（我亲眼见证的实验）我参加了由一位客户开展的一些团队游戏。这些游戏设计旨在说明市场情况。通过游戏，团队成员能够对工作中必需的一些变化有更好的了解。在一个特殊缓解中，引导者让我们团队 8 个人在不说话的前提下解决一个问题。我们只允许点头、摇头、做手势、摆手、指、耸肩或是转动眼睛。难度很大，但我们最终成功找到了解决方案。这反映了肢体语言在沟通体系中所占的重要部分，也让我们所有人都更清楚地认识到肢体语言在对话中的作用——这个话题我们稍后会具体讨论。

所有这些情况仅存在一个潜在的陷阱。假如你使员工大量参与进来，但他们由于无权决策或是无法开展工作而导致不断遭遇阻碍，又当如何呢？结果会是怎样？绩效差，甚至更糟糕的，导致他们产生沮丧与怨怼的情绪。

道德要求？任何参与过程都必须赋予权力。若缺了任一要素，那么便会使所有相关方产生极大的挫败感。

管理者常常认为沟通不是对话过程，而是通过公司沟通渠道传播信息的一个过程。他们会使用简报、电子邮件、公司视频、内网以及其他"促进"沟通的方式。有些甚至在这一方面花费大量信息。然后他们可能就会想为什么似乎没人听说过，为什么没人能理解，为什么没人改变他们的行为。

原因很简单。面对面沟通总是最好的。打电话及视频会议其次。参与的人越多，效率则越受限。促进改变最低效的方法则是电子邮件或文字信息。

为什么？因为书面沟通最多只能起到告知或指导的作用，而不能确保理解、支持、付出与新的行为。

参与梯度

在进入对话这一主题之前，我们先来看下图 7.1 的参与梯度。我总是采用这一方法来考虑文化变化，主要关于鼓励团队成员选择将行为模式改变成提高绩效所需的行为模式。

任何变化过程的第一阶段均为开始意识到改变的需要。发展战略并非本书范畴，因此让我们快速进入第二阶段（图 7.1）。在这一阶段中，你已对规划做出决定，现需对规划进行沟通。你可以通过出版物、备忘录、视频、电子邮件等方式来提高员工对需要改变以及改变的事实的认识。这是通过书面方式可以获得的所有效果。你可能无法获得实践新的行为模式所需的认可。第三步则是确保团队成员真正理解将要发生的事及其原因，让他们参与决策。但要使团队成员真正理解必须要做的事情以及将要发生的情况，你需要站在人前，允许他们提问调查。

团队成员不会总是听得进去你所讲的内容。他们自己的观点、偏见、恐惧及认知会影响他们所听到的内容，并且每个人对你所传达的信息理解也有所差异。除非你能够检查他们所听到的内容，给他们机会说明，否则你无法确保自己的信息已传达。

为支持改变计划，可以进入第四阶段——此时需要召开较小型的会议，让团队成员能够谈谈自己对改变的看法。这常常会变成单纯的情感宣泄，但通过这一平台，你可以与员工聊聊新的行为及其意义。在这一阶段，你会最终说服团队成员认可改变的需要，并让他们关注所学的东西。你必须让大家了解情况。团队成员是否了解问题？他们是否清楚自己的行为？他们是否了解需要什么？他们是否认为改变对他们而言也是必须并且相关的？要鼓励他们接受。

为了赢得他们的承诺并改变他们的行为，你需要进入第五阶段，进行有效的对话，让他们可以提出想法，并决定自己努力的目标，赋予他们权限让他们可以应对问题。在这一阶段，对话最具效力并且最为需要。

然而，如第六阶段所示，维护新的行为模式意味着你需要不断克服改变的障碍，对建议进行反馈，确保完备的配套结构并确保团队拥有所需的资源与技能。你需要奖励正确的行为，不断提供鼓励与认可，使表现突出的人成为主角，对结果进行衡量并将其反馈给员工，从而刺激持续的进步。

我将这一方式称为FIDAR——寻找、定义、团结、改善（FIDAR为这几个英文单词的首字母缩写）。规划自己的沟通时，应考虑如何按照这些线路定位自己的沟通阶段。我对话过的大多数领导者在这个阶段都会对这一过程看似需要花费的时间感到畏惧。他们希望能够直接告知员工，让他们把事情完成。这种不耐烦是个致命因素。成功的领导者清楚他们需要花时间来进行这些有效的对话，因为这是确保快速成功改变的唯一方法。

成功的改变源自对员工及其习惯与动机的真正理解（见第八章）。首先，你需要考虑障碍：什么因素阻碍团队成员采取新的行为？然后你需要考虑其原因。如何才能让团队成员开始新的行为模式？最后，你需要考虑动力——帮助员工坚持新的行为模式的方法。

采用这一方法能够极大提高成功改变行为模式的可能性。仅仅依靠向员工传播、通知、恳求及劝诫很难实现所需的改变——但这却是许多领导者最常采用的方法。

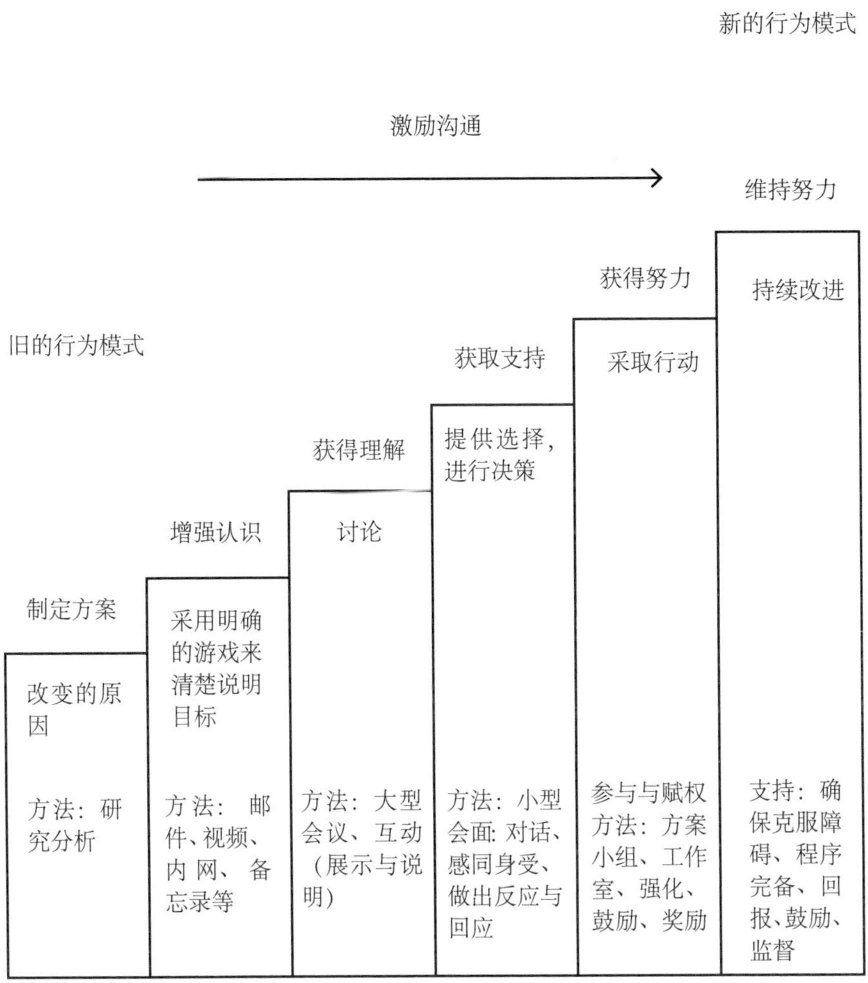
新的行为模式
激励沟通
维持努力
获得努力
持续改进
旧的行为模式
获取支持
采取行动
获得理解
提供选择，进行决策
增强认识
讨论
制定方案
采用明确的游戏来清楚说明目标
改变的原因
方法：研究分析
方法：邮件、视频、内网、备忘录等
方法：大型会议、互动（展示与说明）
方法：小型会面：对话、感同身受、做出反应与回应
参与与赋权方法：方案小组、工作室、强化、鼓励、奖励
支持：确保克服障碍、程序完备、回报、鼓励、监督

图 7.1 参与梯度

有效沟通三部分

优秀的工作对话主要关于三点——方法、主题与技能（见图 7.2）

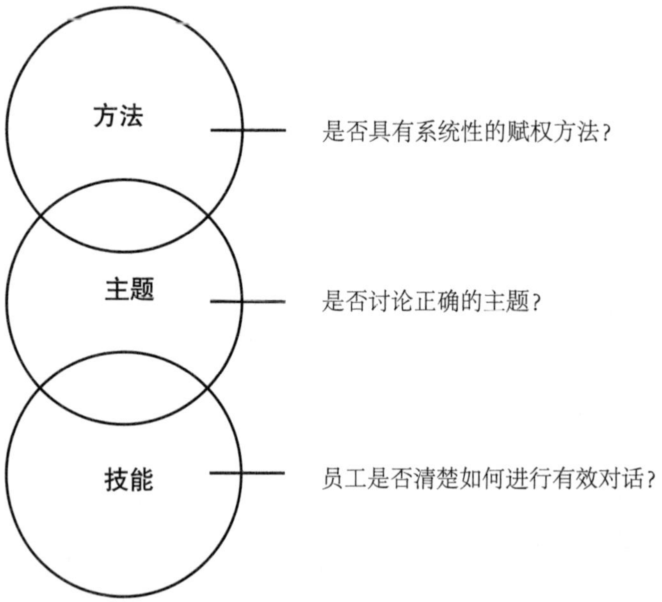

图 7.2　有效沟通三部分

方法：对话方法是否能够为一线员工赋权？是否能够促进灵活性？当问题需要通过上级解决时，对话方法能够提供迅速的反馈？整个团队中是否有持续且系统性地进行对话？

主题：团队成员聚在一起时是否关注恰当的事项？对话框架与内容是否正确？

技能：当你的领导者召集员工进行必要对话时，他们是否能够把控对话的质量？当团队成员坐下谈话时，管理者需要什么技能？

正确的流程

大多数团队都有团队汇报方法模版，以确保信息从高层传至一线员工。这通常是电子邮件、内部简报、内网或视频这些内部“推进”渠道之外的方法。团队汇报通常包含相关材料以帮助管理者与其团队进行沟通，并且这类材料通常会以某种形式由管理层中心提供。

这类方法具有一些重大弱点（见图 7.3）。

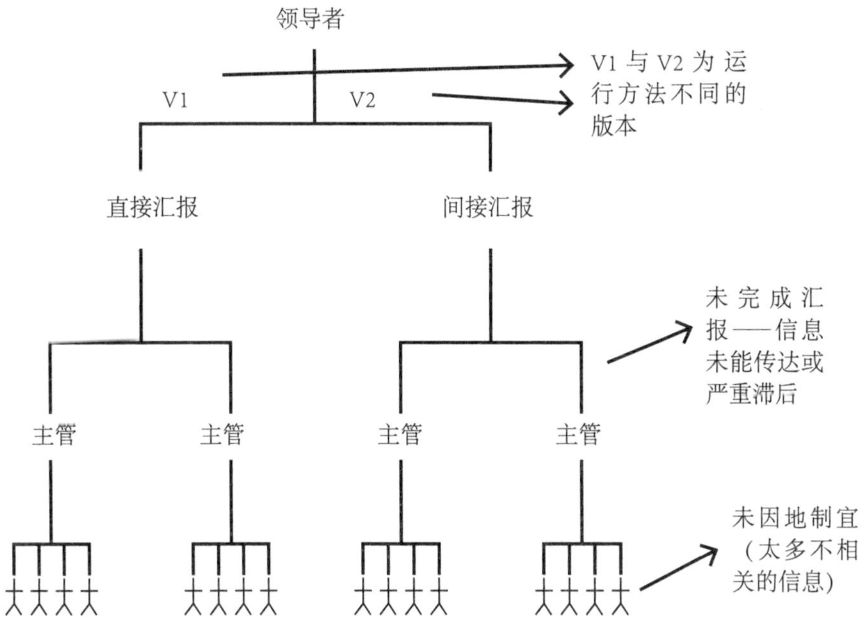

图 7.3　团队简报：如何变成错误

有时（比所了解的更为频繁），不同的管理者对信息的解释也有所不同，员工从上级获得的信息有时也会差异很大。由于信息的碎片化，导致无法达到一致性。当信息到达一线，可能与其最初意图相去甚远。结果便会导致缺乏对公司目标的一致性认识，缺乏凝聚力，缺失对高层管理团队的信任。这些均会影响绩效，并打击员工的积极性。

有时，信息的传达并未因地制宜，继而引发“关我什么事？”的反应并忽略信息。“这跟我有关系？”员工们对其失去兴趣，并感到与高层管理人员的脱节。更有甚者，传达的信息对他们而言毫无价值，但他们会觉得陷入了各种无关信息之中。

管理者通常在汇报环节花太多时间，常常导致员工在几个星期后才被告知重要发展情况。对于领导者频繁地听到员工说他们并未听到重要信息的情况，我感到十分震惊。他们觉得自己已经进行了沟通，并且信息也已张贴在公司的通知栏上，并通过电子邮件进行了传达。并且管理者也已得到了上级领导者的通知，因此应已获得相关信息——（你怎么可以不知道这个信息呢？）他们对于未能进行沟通感到愤怒，但却忘了责备自己未制定相关监测与质量衡量方法来确保沟通的进行。

如何确保信息能够迅速传达，并且因地制宜地对其进行解释并赋予员工权力呢？

你需要从不同的角度考虑方法，并以顺序的方式考虑一线管理者的工作。在对不同公司的失败情况进行调研时，经常遇到的一个问题便是员工不习惯站在人前向自己的团队做报告，尤其当他们自己本身也尚未融入上级下达的改变情况。但每个人不用接受太多训练也都能进行提问。假如关键信息已直接传达给员工（这就解决了速度上的问题），那么管理者的工作就在于确保员工理解这些“公司”信息的相关性，并促进对话，讨论这些信息对团队的意义。

讨论、决策或向上级汇报

对话的真正目的在于讨论新信息的影响，决定所需的行为，并尽快采取行动。应鼓励团队讨论这些对于他们的意义，对选择进行探讨，并决定相关的实施方式。当地实施所遇到的问题或阻碍应尽快向上级反馈。而上级则应迅速进行决策，从而消除障碍，并将决策再次返回下级。当遇到棘手的问题时，反映至上级寻求决策的速度越快，则问题便能更快得到解决。若上级认为这些本应可以由地方做出决策，高层管理者应该询问为什么他们觉得自己无法做出决定，并修正对改进程度的错误猜想与认知。这是真正赋权的一个过程，也是确保许多团队现在所需的灵活性的方法。

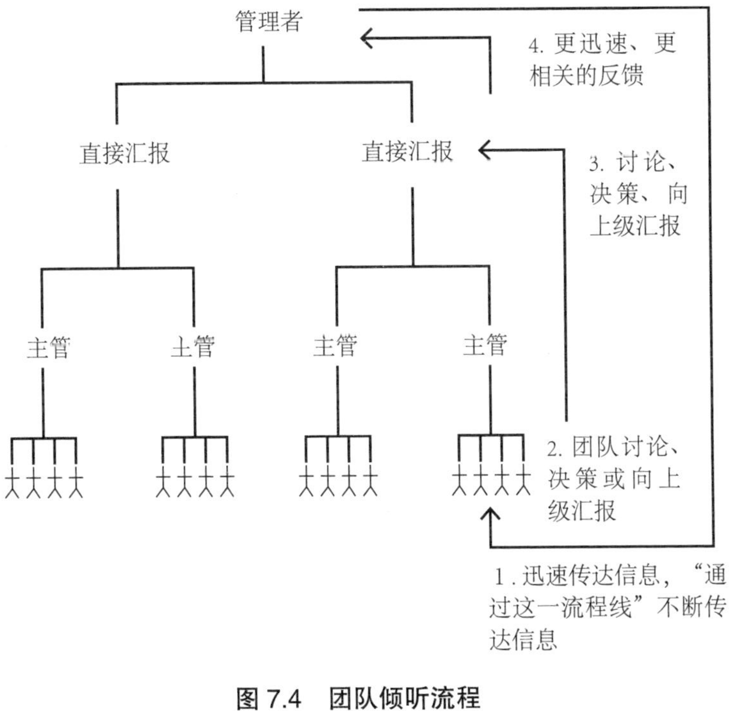

图 7.4　团队倾听流程

这一方法比起传统的团队汇报方法有何益处？首先，这确保了团队中持续的信息流以及更强的一致性。第二，沟通速度更快。第三，它使重要的本地化阐释、决策、赋权及行动成为可能。第四，它使高层管理这儿的反馈更迅速、应对更敏捷——这是使管理者具有激励性的必要因素之一。第五，使领导者确认沟通的发生（无反馈=无沟通）。

有了正确的方法后，管理者如何确保这一方法应对的是正确的问题?

正确的主题

基本上，有效的对话主题为下列五类：通知、联合、解决、实施或改进。有时可能为单独的某一主题，有时则会同时应对这五个主题。但对话总会以真北的框架作为参考点。它将遵循使命及价值观，或关于实现促进未来展望的目标，或者关于战略性优先任务或关键目标。

通知：你需要清楚想要展开的对话意图。是否关于确保员工获得并理解他们正确工作所需的信息？这类对话的主要目的在于确保他们知晓可能影响他们工作的任何改变、发展或新的进程。他们是否理解现在需要什么？他们能否以现在日常工作要求的新行为模式来看待情况？这些对于真北又有何裨益?

联合：这是所有对话中最重要的一类。你的员工是否看过团队的使命与价值观，是否清楚今年的整体目标，是否清楚战略性优先任务是哪些？他们能否将这些直接融入他们的工作？他们是否能说出自己的工作对实现公司目标的作用？他们能否将团队的价值观融入自己的日常行为之中？若已制定了前面章节提到的展望框架，那么团队中的每个人是否对其有自己的版本？这类对话——如何助益公司使命、价值观及目标——创造了公司。这就是为什么我共事过的领导者表示，他们会花80%的时间用于沟通使命与价值观。若能清楚这一框架，团队中的每个人便能够拥有足够的信息进行决策，而不用总是将其交至上级解决——这能带来团队的结合、反应性，以及有力的员工。

我最爱的一个故事是在美国1961年承诺将“把人类送上月球并使其安全返回地球”，10年之期将到之际，肯尼迪总统访问美国宇航局的事。（他的这一展望使这个国家踏上了难以置信的史诗般的旅程。经过上千美国人8年的专注与共同努力，终于在1969年7月20日，阿波罗11号的指挥官尼尔·阿姆斯特朗走出了登月舱，在静海之中迈出了“一小步”，这一小步被称为是“人类历史上的一大步”。）我对话过的管理者中许多人仍记得肯尼迪总统的这件传奇轶事。他在参观宇航局总部时停了下来，与一位手持拖把的男子聊天。“你是做什么工作的？”他问道。这位清洁工男子回答道：“我在帮助送人类上月球，先生。”

引述这个故事的领导者十分喜欢这位清洁工觉得自己与雇佣他的团队的使命相连的这一认知。他们中很少有人听到这个故事的后续发展。若听过的话，他们或许会更加高兴。肯尼迪总统对这位清洁工的回答感到好奇，于是便问他是怎样帮助人类上月球的。传说，这位清洁工清晰地回答道：他的工作是保持卫生间整洁，确保宇航员无论何时进入卫生间都能享有纸巾、手巾、热水、肥皂、干净得发亮的瓷砖以及水龙头。“我希望确保他们知道我关心他们，并竭尽所能为他们打气。我就是通过这样做来帮助人类上月球的。”

无论这个故事是否真实，它都表明一个人的工作与其团队的使命相结合的重要性。清楚自己的工作将如何对绩效产生影响。这就是以结合为主题的对话的意义。

解决：具有成效的对话则是关于寻找问题解决方案。对话应关注寻找方法消除障碍或采取其他不同方式，从而来达到不同的更好的结果。这并不是谁输谁赢的辩论，不是那种吵得热闹却不能解决问题的平台。

实施：这类对话是关于我们为确保该发生的事均能发生而在做的事。谁做什么，我们采用绩效标准是什么？什么时间需要完成？还需要什么其他的事情？这类对话通常也会关于…

改进：我们当前做得如何？我们是否能赶上截止日期并完成了目标？是否达到了要求的质量？客户是否满意？反馈如何，如何改进？为了使工作做得更好，我们需要管理层提供哪些帮助？遇到了哪些障碍，我们需要上级做出哪些决策以改善我们的表现？

正确的技能

若对话质量低下，那么流程与主题也无甚用处……因此，我们来看看有效业务对话的六大关键元素：

·你的意图是什么？你们聚在一起是为了达到什么目的？

·谁应参与？谁能够帮助达到结果？

·在正式对话前，他们需要获取什么信息？

·当大家都聚齐时，是否全员均完全参与到对话之中？对话是否富有成效？

·一旦做出决策，接下来应告知谁？

·若就成功的衡量达成一致，是否就会知道我们决策的影响？

第四点是几点中最重要的一点，因此这点的篇幅较长。以下是六个要素的更具体内容。（见图 8.5）

意图。你是否清楚希望进行哪种对话？是否有具体的问题待解决？你想达到什么具体目的？明确对话主题可以使对话质量更高，这样更易保持集中有效。你是否会定期回归展望框架并讨论战略性优先任务和价值观，目标是否有所进展？

包含相关人员。要实现这些目标，你需要有谁参与？除非你已清楚考虑过参与者，否则便可能影响对话质量。谁有需要向团队陈述的观点？谁会参与决定的行动？其他团队中有谁需要参与？是否能让内部或外部的“客户”参与进来？

信息。你是否能在会议之前便向参会人员提供一些信息？若不能，你需要认识到有些对话环节需要加快速度。你是否会倾向于让他们在开会之前便对问题进行思考，从而产生更多更有效的想法？所提供的信息是否足以使他们对整体情况有所了解？是否会在会议的某些环节提供相关缺失的信息，以便员工对亟待解决的挑战有更全面的理解？切记，挑起对话的质量通常会决定对话的质量及其结果！

参与。员工希望自己的想法能够被倾听。他们希望能够得到尊重，并且能够参与到对其工作有着直接影响的决策之中。除非你作为领导能够使员工热烈讨论并有效地参与到讨论之中，否则你对员工并不能产生激励作用。那些认为这就是要做出精彩的演讲的人可能就要打脸了。这里是你需要好好倾听员工讲话的时候。这个时候全是关于员工，与你无关。大多数情况下，这类对话并不是告知，而是倾听。

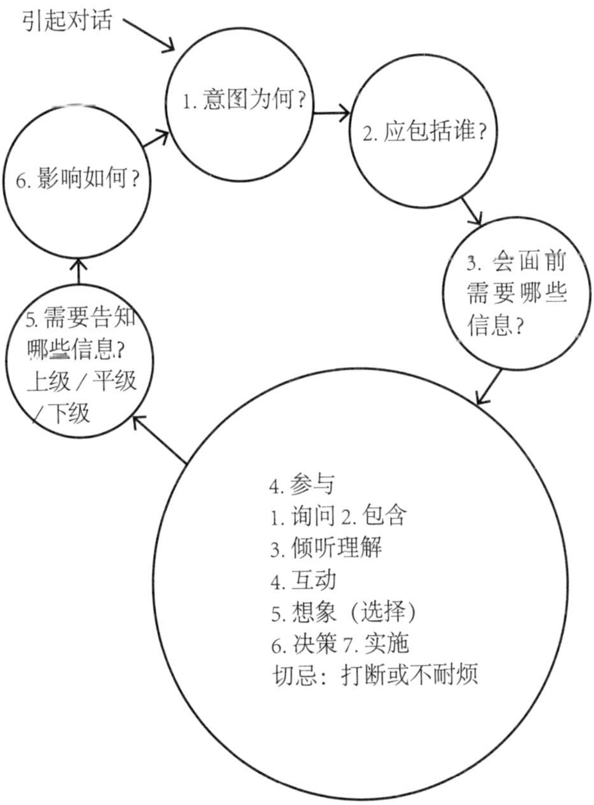

图 7.5 如何进行有效对话

如果你要鼓励参与的每个人，你需要在每个对话中展现出赏识的询问。这意味着将其作为个体来欣赏，并赞扬他们的观点与想法。这也意味着要真的好奇或感兴趣。若你一直在摆架子，那么你所做的就是让大家闭口不言而已。最重要的是，这意味着你需要创造一个安全的环境，让与员工可以告知你坏消息，并且你需要尤其警惕，不要让自己在听到坏消息时流露出负面的信号。化消息对于优秀的领导力而言也属必要——它能够促进更全面的决策，并且若反应性够强的话，能够促进更强的结合。在这些对话中，你需要鼓励在场的每个人发表自己的观点，并确保营造一种不会因此责备的氛围。

以一种鼓励讨论的方式询问意味着问大量开放性问题，并请员工发表自己的观点，而你则对其回答感兴趣。这意味着你需要让他们告诉你他们的感受，并且真实地说出自己的情绪、想法及梦想。打断或不耐烦均为致命的因素。与其保持眼神交流，通过解释他们所说的内容来表现你的倾听与理解则是关键。员工发表对挑战的看法时，给予认可的话将会鼓励他们再次这么做，并且能够提升他们的信心。

努力让所有人参与到对话中来。注意大家的肢体语言与沉默，鼓励大家参与。

用心倾听，解释员工所讲的内容，从而使每个人都能够理解。

鼓励大家进行互动，并与彼此交谈。

若你能够鼓励员工讲讲现在哪些运作得好，哪些仍需改进，若你能够鼓励他们去提出新的职责，若能使他们进行互动即兴演讲，你便能产生积极的想法以及大量的选择，促进实现你们的目标。

如我之前所说，员工喜欢选择，排斥改变。对于为自己做出的选择，他们会更佳努力投入。如我们在“乐透实验”中看到的情况，员工在自己的选择上投入的精力可能在被他人施加的任务上投入的五倍。

鼓励员工进行决策，并确保他们将为决策付诸努力后，你接下来需要讨论能达到最佳效果的实施方法。对行动负责人、绩效评估方法、截止日期、质量标准等达成一致均为对话的关键部分。这些都完成后，显然你需要做的在下一次会议议程中首先确定——根据衡量标准，任务完成得如何？

你的员工会在这些会议中对你进行观察，因此你必须注意自己的行为。在这些场合中，员工会通过你所讲的故事、提的问题、倾听的方式、自己或由你协助大家做的决策、选择做或不做的事、肢体语言、你对他们表现出的兴趣等来判断你所实践的价值观。你的能量值将直接影响会议室中的能量值，因此我的建议是，学会投入的倾听。

最重要的一点，就是要区分争论与真正的对话。争论指的是员工各有观点，毫不相让，并运用其观点来击败他人观点以获得争论的胜利，从而导致下属产生挫败感、消极怠工。

与之相对，对话则是真正试着去了解不同的观点，从而寻找新的意义及方法。如果你想要促进积极的对话，那么你需要认真倾听，先保留自己的假设与判断，寻求共赢的解决方案。

告知。一旦完成对话并得出行动决策，接下来就需要考虑其他需要被告知讨论结果的人选。在上级方面是否有需要解决的障碍？如何解决？你将采取的行动是否需要其他部门的参与，这些部门现在是否需要获悉相关信息？思考决策将带来的影响，确保不会因为忘记告知须知的人士而导致行动失败。

影响。确定了成功的衡量标准，现在的关键便在于要确保对新行为模式的影响进行检查。正确的衡量流程是否到位？衡量结果是否定期进行汇报？你是否会将这些结果用于下次团队对话？你是否能让客户参与下次对话来给予最直接的反馈？以同一衡量标准为导向的团队才能够一同发展。

本章末图 7.6 展现了这三个部分的融合：

具有有效的流程使信息得以顺着流程迅速上下流动，使得决策在一线，使反馈可以迅速到达上级。

主题保持一致，从而营造重要的联合，使员工总是能够理解工作的背景、当前进程，以及他们对实现公司未来展望的助益。

拥有适宜的对话技能，以确保员工能够参与其中，努力付出、表现高效，并且不断进步；公司上下均须具备有效沟通以确保行动一致。

若缺乏适宜的对话，你的团队及成功的概率将受到严重影响。有时，你不得不鼓起勇气进行对话来解决你想逃避的问题。有时，你需要杰出的对话把控能力，来完成与改变绩效相关的对话。要做到这点，你需要将真实的自己带入对话，始终遵循自己的价值观，并坚定自己的目标。

什么是衡量成功对话的标准？

本章开头，我们便讨论了参与度的影响因素，并建立了参与度与对话之间的联系。提高团队成员参与度的方式可以通过你自己引导的对话，也可以通过确保团队中的对话能够以正面且有团队的方式进行。这些对话的质量将会最终决定团队中员工的参与度。

你是否有对参与度进行衡量？我接触过的大多数领导者都确保将参与度作为战略性优先任务。鉴于参与度与绩效提高的直接关系，他们制定了方法来确保参与度的提高。这不仅仅是关于提高员工幸福感与满意度。它与实现目标的能力直接相关。

我们生活在对话的时代。不仅团队内部需要对话，团队外部也需要与所有利益相关者进行对话。他们是所有关系的命脉所在，是现今能够对整个沟通产生重要影响的事实。用广播信息便足以塑造品牌的日子早已不再。领导力便是关于关系，而好的关系则是源自对话。

原因？因为优秀的领导者需要激励他人来实现杰出的结果。他们会对他人的感受产生影响，继而影响他们的行为。这个简单的概念构成了我这三十年来对所有领导者的沟通建议的根本目标：要实现良好的沟通，你需要了解自己的听众，你需要了解他们的行为方式与感受，最重要的是，你需要知道自己对他们的想法及行为有什么期许。

彼时，我会采用简单但极其有效的沟通规划流程，来确保领导者在沟通时能够关注正确的事项。

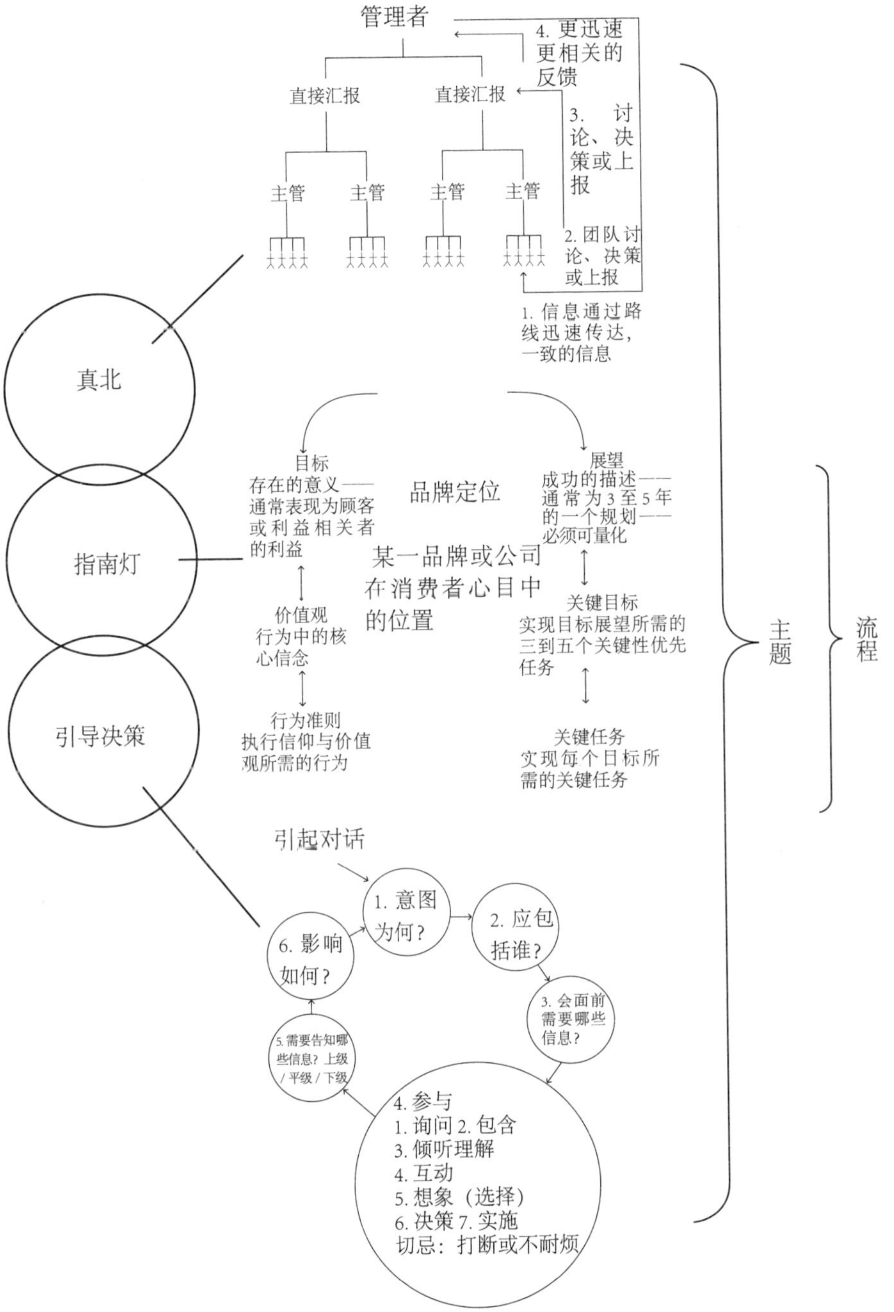

图 7.6　有效沟通三部分：如何有效融合

CHAPTER 3

第三部分

与激发行为的情感建立联系

08 一切都与情绪相关：如何通过更关注人与行为来提高效率

若真想引起共鸣、增加说服力，并使想法付诸实践，你需要了解员工现在的想法与感受以及这些对于他们行为的影响。然后，你需要密切关注为什么他们需要去做你希望他们将来去做的事。以下10个步骤有助于制定更好的沟通计划。

下列场景将会是所有管理者的噩梦。公司的信息技术系统进行了彻底检修后立刻崩坏，对于一家日销成千上万件家具的全国家具零售公司而言，这将是极大的灾难。

该公司不仅销售运输家具，同时还会为客户现场制作装配家具。

客户们会为家里每个房间购买用品，付了钱后就会期待家具能够按时送达，并迅速安装完毕。然而，信息网络一旦崩坏，公司就无法追踪库存。几天之内便将引起混乱，而这种混乱将会扩至消费者之中，使他们变得更为焦虑，且由于未能收到他们所购买的物品，消费者会对公司产生极大的不信任。公司在送货上门这块产生了巨大的短缺，并且这种情况每日剧增。

领导团队当然快速召集了危机团队，包括导致这一局面的信息技术顾问以及其他信息技术顾问。此外，还包括销售、仓库、配送、制造、营销、人力等方面的核心人员。该团队加班加点寻找问题解决方案，并提供在继续销售的情况下须采取的相应流程。

我当时被委任协助该公司进行外部问题沟通。当我问他们具体想要达到什么样的目标时，他们回答道："向消费者告知我们所遇到的问题，并将声誉受损程度降到最低。"

我们召集了一个团队，着手了解他们需要沟通的各类受众。目标人群包括客户、员工、议员、消费者保护团队、媒体、股东以及其他人群。但是，客户是指哪些？我们需要对受众进一步细分，于是将客户细分为现有客户、潜在客户、前客户。现有客户指已下订单现在情绪日益焦虑的客户。对于前客户，由于公司需要重新寻回他们的忠诚度并确保他们重返商店，因此前客户十分重要。不过，问题的关键在于潜在客户。当前，他们的行为可能会将这场危机变成无法挽回的灾难。你是否已发现在制定对外声明时我所遇到的麻烦？

会议室中不到16人的我们开始一个个更细致地分析每个关键人群的情况与态度。我们谈论的对象是谁？他们对于发生的事做何感想？他们的感受可能会导致他们采取怎样的行动？我们希望他们怎么做？要促使他们采取对我们有利的行为的话，我们需要做些什么？

例如，我们对公司消费者中占较高比例的年轻妈妈们进行分析。当这些妈妈孩子在怀，面对待翻修的厨房却迟迟未见新的产品到达时会作何感想？答案显而易见——在她人生如此紧张的时刻，她肯定会感到沮丧，怒气渐增，并且会产生极大的不信任感。那她会怎么做呢？显然，她会直接向销售人员提意见，继而向经理、向家人及朋友，甚至向议员及媒体抱怨。如果怒气不消，她将会不断告诉更多人。她也可能会取消订单。

假如这位年轻妈妈再次或甚至第三次来店里，然而问题始终无法解决的话，店里的销售人员将会有何感受？他们会怎么做？这个答案依旧很明显——他们会逃开躲起来，尤其是在他们无法提供解决方案的情况下更是如此。他们的工作就是通过销售家具赚取佣金，花在无法获得安慰的消费者身上的每一分钟对他们而言不仅会带来情绪上的不适与不快，同时也会影响他们的收入。

因此我们依次分析每类受众，对每位利益相关者进行分析，考虑他们的感受以及可能的行为。我们对潜在客户进行分析。假如他们知道了这个情况，那么事情将会如何发展？他们应不应该在店里买东西？会不会也发生好几个月收不到产品的情况？答案依旧显而易见。他们会选择去同类的其他公司。这家连锁店每天接收70万位潜在客户，很大程度上依赖于大量客流。经过他们店门的人越多，销量就越高。假如此时他们说点什么或做点什么去劝阻客户进入商店，那么他们将遭受无法挽回的现金流冲击。

现在我们需要问的是——我们希望他们做什么？对于潜在客户，答案很显然——我们希望他们能够继续光顾商店。当然，若他们无法将购买的商品带回家的话，我们需要对其坦白情况，并通过折扣或其他刺激方式来说服他们忍受这一不便的情况。但关键的一点是，我们要保证沟通不失控，以防客户受到负面影响而导致对业务造成永久性的损害。这意味着保持宣传，控制信息技术混乱的副作用，防止与公司的任何受众之间过度的面对面沟通。

例如销售人员，我们当然希望他们能够继续将商品销售给客户。不满的消费者会不会再度光临？销售人员应如何应对这一情况？答案是，在每个商店安排专门的客户联系人来直接处理每位不满的客户的反馈。对此情况应设置专门流程，将这些客户带离销售区并奉上茶点进行安抚，使联系人能够尽其所能解决问题。

须对接听投诉电话的客服中心员工简要说明如何处理这些投诉、如何防止这些不满的客户取消订单转投别家。这包括给他们提供商店折扣或免费商品的专门说辞，防止在问题解决期间出现客户流失的情况。

我们对每位利益相关者的情况都进行了应对，并进行了大量的复杂沟通。危机团队逐渐在这次信息技术混乱中形势逐渐好转，订单得以满足，折扣及免费商品等也都得到了客户的接受。这场危机在变成全国性新闻之前并且在没有流失新客户的前提下得到了解决。该公司的领导者能够在这极具挑战的时刻鼓励自己的员工采取正确的行为，克服危机。

通过此次事件可知，原本的沟通目标可能会造成更大的灾难。将其问题广泛讨论只会使潜在客户对商店敬而远之。新的沟通目标为：确保在解决危机的期间客户仍会上门购买家具。你会发现这种设计能够提高公司领导者们通过沟通计划确保成功的可能性。

不过最重要的是，领导团队能够展现更佳的领导力。他们能够理解所有利益相关者的感受及其需求，他们能够为公司中的所有员工指明他们需要采取的行动以及共同解决问题的办法。

问题得以成功解决，主要在于具有简单的规划过程促使领导者们在进行沟通之前更以受众为中心。

如何以受众为中心

我在上一章节中列出的 12 条原则之一便是以受众为中心。该原则指的是先完整地了解受众后再尝试沟通。若不能对谈话对象有这一基础的了解，那么就会导致你的沟通仅停留在对话层面，而不会对其产生任何影响。领导力沟通指的是你为实现大目标所采取的行动。关键在于行为的改变。因此，若想成为一名有效的领导者，无法产生影响的沟通显然不在你的选择范围内。

在沟通时，要先从团队成员开始。你需要改变他们的想法、感受及行为，但要达到这一目标，首先你需要了解他们当前的想法、感受及行为。

作为管理者，无疑会有想要实现的计划。而这计划无疑也会有许多极具抱负的数字目标。你需要实现更高的收益与利润、更低的成本，占有更大的市场份额，赢得更多客户，吸引更多捐赠，实现更快的创新或更高的客户满意度。无论你是在私营企业、慈善机构或是公共事业，也无论你是要达到什么样的数字目标，要提高这些数字，只能通过改变行为。

这首先要求明确目标以及实现这些目标所需的行为。哪些行为需要继续保持，哪些需要停止或开始。有哪些行为你希望能有更多人加入?

若你能够花时间进一步了解你的成功所仰仗的员工们，那么你的改变计划便能根植于这更深的了解之上，并且能够更集中于需要利益相关者所付诸的新的支持行为。要想成功改变，首先要了解员工的习惯与动机。若做到这点，你便能够使沟通更有针对性、更具相关性，并且更富影响力。

监测你沟通的效果以及员工对你言论的反应能够促进不断改善，从而提升成功实现目标的概率，最终在利益相关者更大的支持下实现更好的团队绩效。

只有对激发正确行为的方式进行思考，才能够获得成功。

你在团队中的级别越高，你从沟通中就可能获取更多的帮助与支持。但即便如此，这类帮助可能也只是更集中于处理信息与创造沟通渠道，从而导致完全地错过要点。这类助益可使你想说的内容更加清晰，但由于并未击中受众内心，从而可能导致完全错过受众。不考虑这点的话，你甚至可能沟通的是完全错误的内容。如我在本章开篇所讲述的事件一样，有时我不得不防止领导者们表达他们本能想做的一些事，因为一旦那样做的话，则可能导致灾难性的后果。只有采用我 20 多年前设置的这一简单流程，才能够保证正确的沟通计划，继而实现正确的结果。

我采用的流程虽然简单，但极其有效。

这个方法是我在 20 世纪 90 年代初在英国原子能管理局担任企业事务部主任时所建立的。在那个有着世界上最高比例的博士科学家与工程师的单位，我被授命领导改变计划。我参与的这个领导团队需要将团队分离出一部分在股市以科技工程咨询公司上市。该团队的员工中有许多杰出人才，许多人因公司的核研发而处在技术开发的前沿。在我看来，这些杰出人才中的大多数都反对私有化的这个想法。无论我何时去与他们沟通这样做的需求以及对团队名声的影响，都会遭到这群聪明人士的反驳，他们认为自己比我更了解沟通与名声管理。

某天，我与英国原子能管理署实验室之一的一群科学家对话，他们曾经就我认为应该做的事跟我进行争论。我注意到每面墙上都贴着流程表。这让我想到这些带有科学等式的流程图就是实现某一目标需要采取的一系列行动或步骤的展现。自那以后，我无论去哪儿都会看到这类流程表。有一天我突然想到，为什么不直接设计我自己的沟通流程表从而来更好地解释我们想做的事以及想要取得的目标呢？所获得的结果就是我现在分享的表。自那以后，我将这个流程用于无数场合，帮助客户扭转危机、提高销售、实现改变甚至影响全国性的辩论。这一流程的妙处在于它对一次性演讲的影响与对复杂的沟通活动的作用一样有效。

在 AEA 技术公司的案例中，采用这一新的流程表使我得以进行更有建设性的对话，并且能够使员工与我一起制定沟通计划，而不再是光看着我将计划强加于不情愿且缺乏干劲的员工身上。（AEA 技术公司于 1996 年成功上市。）

如图 8.1 所示，这是一个含有 10 个步骤的流程。

1. 你具体想要实现什么目标？

2. 为实现这一目标，你最需要影响的对象是谁？

3. 你想要他们具体做什么？

4. 让他们按你的意愿行事对他们来说有什么意义？

5. 你是否需要采取不同的行为以激发足够的动力？

6. 你需要告诉他们什么？（你的观点是否富有感染力？）

7. 告知他们的最佳方式是什么？

8. 进行沟通！

9. 信息是否有顺利传达？

10. 他们反应如何？

（若结果未如你所愿，分析原因，改变现在的行为或言语，重新开始。）

从这点起，你就处于倾听、反应，以及促进改变的持续对话这一连续的改进循环之中。

在这些步骤背后是更多可用于思考如何将对话有效性最大化的工具。

让我们来细看每一个步骤，从而使你们能够独立运用这一流程。

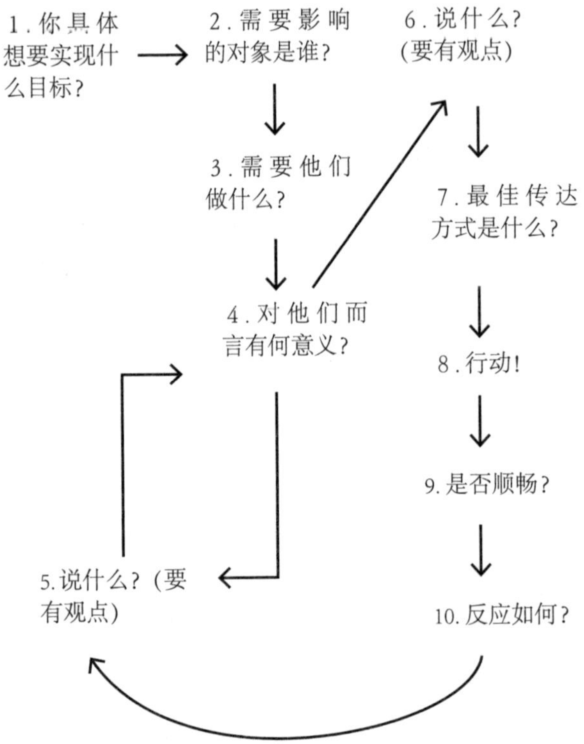

图 8.1　沟通 / 行为计划流程

1. 你具体想要实现什么目标?

你能否描绘成功确切的样子？你能否描述将会发生的情况以及员工的感受？你能否十分具体地回答这个问题？

例如说："向所有员工传达新的展望声明。"在我看来，这种说法远远不够。我认为应该是"截至九月，向所有员工传达我们的未来展望，并确保他们能够理解、记住，并能够说明他们将如何为实现展望贡献自己的力量。”

我经常发现自己所共事的领导者或团队并不十分明确他们想要实现的目标。他们可能会有很广义的目标，但他们并不能十分具体地表明需要做的事情。这可能听起来不是很符合逻辑，但却是事实。而当他们处于危机之中或面临重大挑战需要进行回应时，他们便会来寻求我的帮助。当遇到这种情况时，我通常会将第一步放在一边，或（暂时）允许有一个大概的目标。第二个步骤会使目标设定更为清晰，因为它包括考虑需要影响的员工以及帮助问题解决所需的行为。第二阶段通常能够帮助明确第一阶段的问题。

我最重视的管理类书籍之一便是史蒂芬·柯维（Stephen R. Covey）所著的《高效人群的七个习惯》（*The Seven Habits of Highly Effective People*）。这本书可能是迄今为止已出版的商业书籍中最畅销的一本，被译成 38 种语言，全球累计销售超过 2500 万本。柯维提倡的习惯之一便是“带着目标开始。”

在我看来，这是指真正明确你需要实现的目标及其原因。

明确问题则是第一个步骤的真正关注点所在。

若能正确明确问题，便有助于你决定所需的沟通性质。我发现不乏有客户通过在明确问题上花费有效时间从而找到了突破性的解决方案。为什么当前的情况不能令人满意？为什么需要改变？从这点考虑出发，你便可退出更以未来为基础的目标展望。若成功实现改变，那么将会发生什么？每个人之间会如何影响？大家会有什么样的感受？他们会做什么？而这对实现短期目标以及实现量化目标有何助益？

遗憾的是，我发现更多时候，大家都未能充分严格地明确需要解决的问题，甚至不能清楚说明问题之所以重要的原因。因此，他们会以模糊的说法回答第一个问题，继而着手于与目标并不一致的追赶过程。我深刻地认为，领导者应该更善于提出这些问题，从而确保他们应对的是正确的问题。

你可能会受误导，认为作为团队的新管理者，你并没有解决问题，而是在创造新的成功目标。假如是这样的话，那么原来的目标有什么问题呢？假如没有改变的必要的话，那么也就不需要你来担任领导者。问题确实存在，否则你就不会鼓励员工采取行动了。

严格应对这一阶段是影响最佳方案寻找的最重要因素之一。作为管理者，不得不解释方案的必要性，那么是什么必要性？解决方案的受益者是谁？你及你的团队因何会从这方案中受益？它与你们的计划及战略如何保持一致？

有时，你也需要注意描述目标的方式。例如，我也曾在付出代价后了解到，谈论生产收益对员工效率的切实影响。虽然他们在理智上同意其必要性，但从情感上来看，这只不过是让他们觉得他们需要更努力工作而已。假如你采取的方式是说这将如何简化他们的工作并使他们的工作更有趣，那么你将极可能获得完全不同的反应。花时间考虑从多个角度描述挑战总是值得的，这也是为什么阶段二极有必要……

2. 为实现这一目标，你最需要影响的对象是谁？

思考看看，哪些人对你的成功至关重要？他们是谁？在哪里？为什么重要？有多重要？你是否需要他们全身心的付出以及积极主动的支持？或者，他们是否只需要知道当前状况，而并不需要做其他什么事？

理清这一点是十分关键的一个步骤，需要周全考虑。“所有员工”这一说法并无益处，因为太宽泛了。我们是否真的是指每个人？或你是否只需要明确高级领导团队？假如确实是关于所有人，那么你需要对能够进行第三阶段的受众进行细分。例如，你是否需要考虑流程管理，以及销售员工、配送员工、库管员工、市场营销员工、秘书以及接待。（见图 8.2）

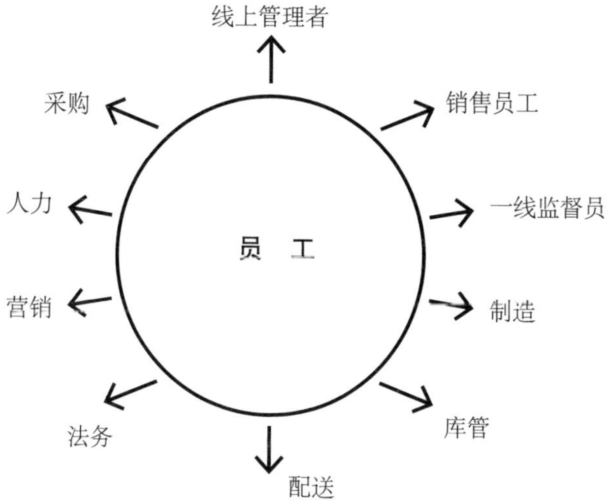

图 8.2　细分（员工）

我将其称之为你的舆论法庭（COPO），因为你需要影响这些人的观点，从而改变他们的态度及行为。这是一个“法庭”，因为他们的观点将会决定你的命运，就像法庭上陪审团所扮演的角色。我曾看过客户通过这一流程理性地对其受众进行考虑，进而从迫切地想通过每天向全国人民进行传达转变为重点向某人传达信息的活动。

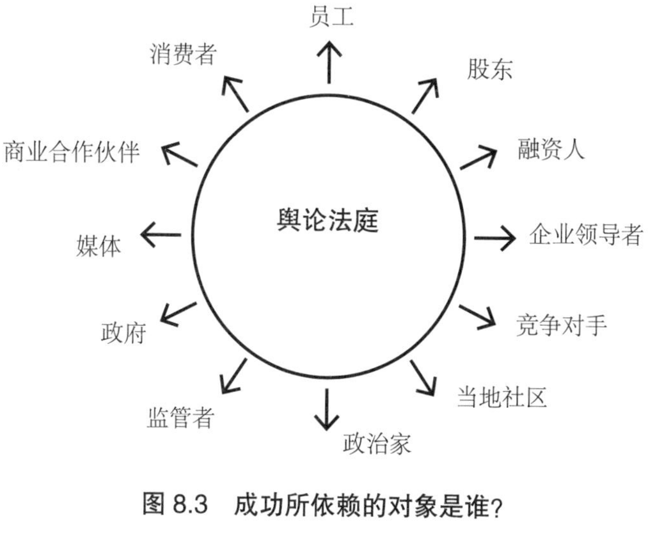

图 8.3　成功所依赖的对象是谁？

若你要进行的沟通需要包括各类需要往来的人群，那么我建议采用表 8.3 作为明确所有潜在关键受众的参考。不过这些分类都太宽泛。想要获得成功，你必须尽可能将其细分。例如，你要谈论消费者，那么你是否需要将其按照年龄、性别进行细分？或是按照其类别是属于现有消费者、潜在消费者或失去的消费者进行细分？抑或是按照地区、生命期或生活模式？（请见图 8.4）

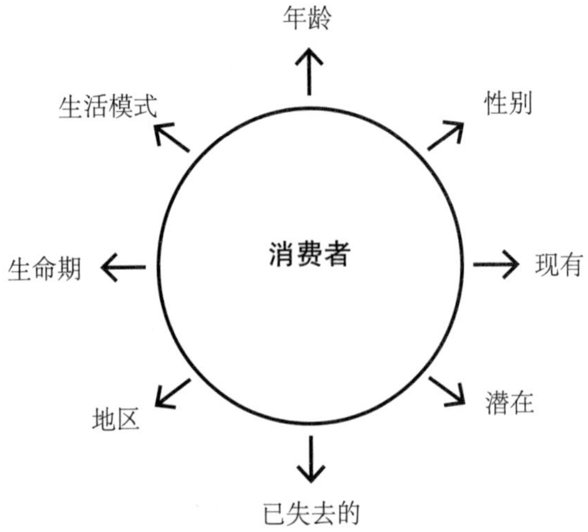

图 8.4　细分（消费者）

你将这些受众分得越细，就越能更容易地了解他们并明白要对他们产生影响最需要什么样的沟通。

3. 你想要他们具体做什么？

到了这一步，就比较容易考虑要获得成功需要每位受众做些什么。但首先，有必要先试着理解他们现在的行为及其原因。他们的想法、感受、信念及行为如何？我们如何知道这些信息？他们为何会有当下的感受，这将对他们的行为产生怎么样的影响？（了解他人的感受很有必要，因为一个人的感受将会决定其行为。）

比方说，可以试着用他们可能会用的语言来描述问题。秘书会怎么考虑这个问题？如果是前台接待的话又会如何表述？消费者的话又将怎样看待？不同角度的观点通常能够为实际面临的挑战提供极佳的想法。

一旦完成这个步骤，接下来你就可以开始明确希望他们做的事情。显然，你肯定会希望看到利益相关者能够立刻转变，采取理想的行为，但在这点上保持现实的观点。什么样的行为是理想的？什么样的行为是令人满意的？最糟糕的结果可能是什么？改变后的行为可能带来什么样的代价或效益？若能够回答最后这两个问题，那么便具有改变的商业案例以及衡量投资回报的能力。

4. 让他们按你的意愿行事对他们来说有什么意义？

广告界有个很棒的说法，叫做 WIFOM（What’s in IT for Me？对我而言有何意义？）这是个很不错的问题，因为它促使你明确改变行为所带来的裨益，而这裨益必须是受众所认为的裨益，而非仅对你而言的裨益。任何沟通中，关键信息都寄于这些利益说法之中。（有时可能是不改变行为将会带来的糟糕后果。）

谨慎说明实际利益，而不是简单地说明计划的特点或优势。举买新车的例子来说明特点 / 优势 / 裨益：特点可能是该车具有五个档位。优势则指该车在高转速下耗油量低；裨益则在于行驶成本低或一桶油可行驶更长距离。

人们为什么应该改变？动机是什么？他们倾向更低的成本还是更长的行程？如何知道这点？你所要面对的不同受众的动机是否各不相同？这是否意味着对不同的受众而言信息不同？

通常在这一阶段，你会开始认识到自己一开始设定的目标实际上太模糊、太不现实，甚至是难以实现。这时候就需要回归第一个问题的答案，确认自已充分明确任务。这些问题的结果肯定会引起一些问题，而这些将会在下一个问题中提及。

5. 你是否需要采取不同的行为以激发足够的动力?

若在考虑你是否为员工提供足够的动力后发现答案是否定的，那么你可能需要从不同角度考虑自己的行动。你是否需要采取不同的行动来为改变提供足够的动力？你是否需要改变政策或激励计划或是流程？或者是不是员工并未充分理解改变的需求？他们是否清楚不改变的后果？这是否意味着你需要改变沟通的方式或内容？

6. 你需要告诉他们什么?（你是否具有强有力的观点）

现在对于需要说的内容以及如何根据关键受众群体调整信息应该已经有了更清楚的认识。对于改变的需要，你是否具有强有力的观点？你能否说明自己的世界观以及成功观？除了财政上带来的利好，你能否说明实现改变后员工的感受及互动方式将会如何？你能否具体描述每个群体需要做的事情及原因，以及他们之间互动的方式？你是否准备好相应的故事来帮助他们更好地理解整个背景或你的意图？

7. 最佳的告知方式是什么?

了解了对象及需要传达的信息后，我们可以关注最佳的告知及影响方式。通过电子邮件？还是召集大家举行研讨会？是否需要运用在线视频或播客？是否需要通过各级管理流程？是否需要进行路演？或是是否需要综合以上所有方式？你如何确保在对的时间以对的方式与对的人进行了正确的沟通以保证所有人明了解问题，并感受到你对他们利益的理解，知道需要做什么，并且清楚成功的标准？你是否建立了反馈机制？

8. 沟通！

这是个简单的单词，但却是永无止境的重大任务。换种说法就是，执行计划并沟通、沟通、再沟通。

9. 信息是否有顺利传达？

若员工未能听到并理解你说的内容，并且并未相应地改变行为，那么沟通就并未实现。你必须找到方法来检验员工是否听到并理解你所说的内容。如果你说的话显然并未传达到位，那么这也是促进有效沟通的机会。了解信息未能传达到位的原因，排除障碍。

要切记，虽然你沟通的方式在你看来十分清晰，但听者会因各种复杂的认知对信息进行筛选，而这通常会扭曲你想传达的信息。听者会对信息进行有选择性的接收。他们会听到并处理你所说的部分内容，并对其他内容进行屏蔽。你可能觉得自己已经说明了整体情况，但听者极有可能无法接收到全部信息。即便全部接收，他们对内容的理解也可能有误。

确认员工理解的唯一方法便是询问他们听到的内容以及他们对你所说内容的反应。若缺了这一环，那么你就只能保证自己已经进行了沟通，但却无法确认这一沟通是否成功。

10. 他们反应如何？

员工现在是否采用了有助于目标实现的行为方式？在这一阶段，重要的只有结果。假如员工们没有改变行为，那么理由是什么？是否仅是因为他们未被充分调动？还是因为他们不理解？是否存在什么你没发现的障碍？当下的问题是什么？一旦弄清楚这些问题，回到第五步重复这一流程。此时便进入了一个持续性的改进循环——一个能够极大提高成功概率的良性循环。

现在你需要具备确保成功沟通的优秀衡量框架。对于一个质量项目，你需要在不同地方对质量进行衡量（见图 8.5）。

正如我们已讨论的内容，任何优秀的计划都需要具备对当前情况的评估以及对前进目标的清晰展望。遵循上述流程便能帮助你规划出如何实现这一点。

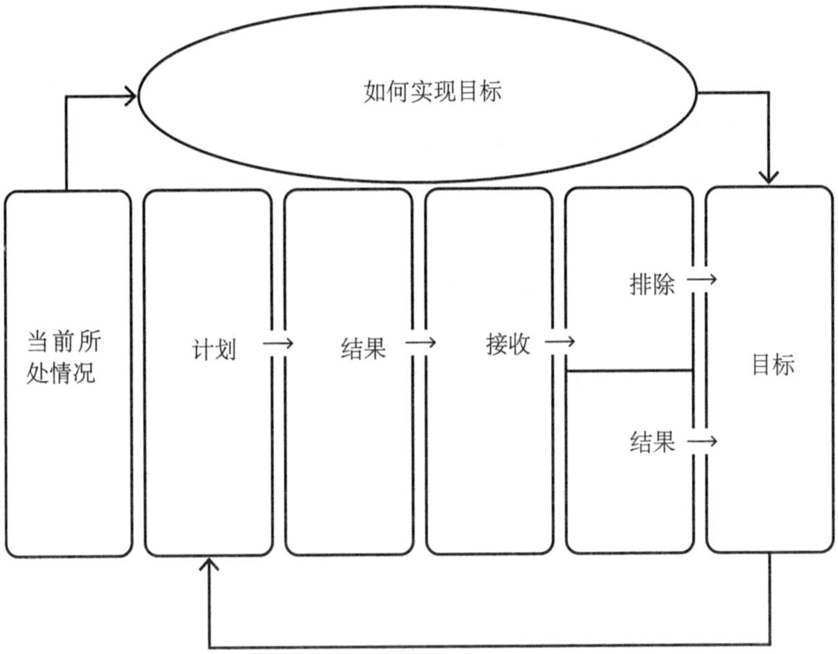

图 8.5　衡量框架

计划会产生各种结果，可能是各式各样的公报、活动、在线会议、电子邮件、视频、团队简报——任何离开办公室的沟通形式。是否为优质沟通？

书写是否清晰易懂？是否传达了时间、成本与质量？

所有沟通都会带来“接收”。此处，我指的是有多少人接收了这一沟通？有多少人参加了在线会议或研讨会？有多少人访问了网站？有多少人真的阅读了电子邮件？你是否清楚这些问题的答案，是否设置了相应衡量机制？

人们从沟通中获得了什么？他们听到了什么，作何理解？这让他们感受如何？这里你是否也设置了相应的检验体系？

最后的关键，沟通是否对他们的行为产生了影响？沟通是否带来了更好的结果？新的态度及行为是否在保证质量的前提下进一步节约了时间与成本？若没有，那么回到计划对其进行更改。

处理正确问题的重要性

在本章结尾，我给大家举例说明，明确问题以提高获得更有效的解决方案几率。几年前，在经济大萧条发生之前，我与一些军队官员讨论他们所面临的日渐严重的问题。入伍的新兵数量下降，并且这一问题由于更多人离开军队而加剧。每年花在征兵宣传方面的上百万英镑所获得的效益却日渐下降，无论如何改变措辞，新兵数量仍在下降。他们清楚地认识到采取同样的行为不再是可行项。

在对话中，我们首先尝试让他们准确说明他们想实现的目标。他们的答案也很明显：提高新兵数量！

他们的表述如此强烈，因此虽然我对这一阶段表述如此模糊并不满意，但我还是决定进入下一阶段。我们开始检测要实现这一目标军队最需要影响的对象。显然，他们需要将信息传达至有可能应征入伍的年轻男女。他们需要接触普通大众，从而使这一选择可被视为年轻人可接受的事业选择。他们需要保证军队能被普通大众认为是个好的选择。

随着调查的深入，这一舆论范围开始扩大。在考虑对征兵潜能最具影响的人群时，我们继而开始考虑父母（尤其是母亲）、教师、导师、就业指导中心、家人及朋友，甚至是现在在社区中工作的可以把军队生活告诉他人的退伍军人。

当我问到在近期的沟通中他们最感到自豪的活动时，他们谈论了一个十分流行的电视节目，叫做罗斯·坎普在阿富汗（Ross Kemp in Afghanistan）。他们表示，征兵可能性研究表明这个节目对吸引年轻人入伍方面十分有效。为什么？答案在于现役的情况真正吸引了他们中的许多人。

但是这个电视节目对于最影响征兵潜能的关键人物产生了什么影响呢？比方说，这个节目对于母亲们会产生什么样的影响？他们表示并不知道答案。在我看来，由于母亲、朋友及亲人通过这个节目会更佳清晰地认识到他们的儿子或兄弟或朋友在现役中可能遇到的危险，因此这个节目带来的远非积极的影响。假如这一观点正确，人们会更积极地劝阻年轻人参军，那么就必须采取极为不同的沟通方式。

建议年轻人参军可以使这些人看到哪些可能的裨益？什么可能降低现役中死亡的风险？在设计相应的沟通计划之前，我们需要更多地了解这些人的感受。要明确真正的问题，我们知道的还太少。鉴于此，我们在利益相关者中开展了研究，证实了流程中第二个至第四个问题中的结论。想要劝说年轻人入伍，那么就需要更多地说明他们在军队中可能接收的培训优势以及职业拓展技能。母亲们确实会担心入伍这一选择，因此需要强大的理由来说服她们支持这一抉择。这确实需要极其不同的沟通行动。我们需要重新明确目标，现在变为：向征兵潜能的关键影响者说明军队生涯的利好。

罗斯·坎普在阿富汗的这个节目本身适于征兵。要劝说担忧的母亲来鼓励自己的孩子参与到具有战死沙场风险的事业当中，确实需要更具针对性、更复杂并且更具说服力的沟通。若缺乏这样的沟通，那么父母与亲人则很可能会继续劝阻入伍，而军队的领导者则只能继续看着数字不断下降。

然而，在我们准备开始协助军队撰写新的沟通计划之前，出现了一个全新的情况——经济大萧条。当市场中的工作突然大量被中止，企业中的工作保障成了过去，年轻人的眼光就会更倾向于入伍。在接下来六至七年，军队的征兵问题不复存在。

管理者真的希望能够激发团队成员的行为来帮助实现目标，那么这里需要明确的是：若他人不理解你或并未受你的言语激发去进行不同的思考或采取不同的行动，那么你的沟通就不成功。

这意味着你必须对问题的性质、设置的方案、为各大代表带来的重大利好，以及如何与他们以一种强制且富有感染力的方式进行沟通。

你通过影响他人的感受来影响行为。你需要了解自己的听众，需要了解他们的行为及感受。最重要的是，你需要知道自己希望他们产生什么样的感受以及采取什么行为。

良好关系的核心在于良好的倾听。在对话中的倾听方式，在一对一会面中倾听直接报告的方式，倾听外部环境以及所有外部利益相关者的方式，都将是你是否为鼓舞人心的领导者的关键决定因素。有时，良好的倾听可以是最具激励性的沟通方式。

下一章，我们将探索如何成为一名优秀的倾听者……

09 为什么需要努力倾听

善于倾听的管理者通常更易被认为是高效的管理者。在了解你的在乎程度之前，团队成员不会关心你知道多少。知道你在乎的这些人会更努力工作以超越你的期望。下面是成为优秀倾听者的七个技巧。

我所遇到的最能鼓舞人心的管理者通常也是最善于倾听的人。

他们会直视我的眼睛，会让我觉得我是他们唯一在乎的人。他们会关注我的每一句话，会排除室内的其他干扰。他们会做笔记，并传递出我说的内容值得一记的信号。他们会等我讲完，除非需要进一步说明，否则他们从不会打断我。他们会提出有力的问题，并深入考虑我的想法与观点。即使他们有不同观点，他们也会对我表示感谢。他们会让我觉得自己被理解了。他们会以尊重他人的方式恰当地表达出自己不认可的地方并提出自己的观点。他们会基于对话采取行动或解释不采取行动的愿意。无论如何，他们会让我觉得他们在乎我，而这会让我更重视这个会面或表现得超出其预期。

善于倾听的管理者大多被认为是高效的管理者，这并非偶然。令人难以置信的是，我合作过的一些管理者认为倾听是个不必要的软弱技能，是弱势的表现。（这或许就是我被请来与他们共事的原因所在？）但讽刺的是，我发现倾听的领导者会更具影响力。他们不会在截止日期、标准、项目或目标上妥协——正因为他们让团队成员觉得自己是被理解的。当团队成员觉得自己被倾听被理解，这会使他们觉得自己是重要的，是被重视、被尊重并被在乎的。当员工产生这种想法，就会促使领导者与追随者之间产生强有力的羁绊，并且可以促进领导者短期目标与长远目标之间的一致性。

成为一名善于倾听的人可以极大提高你的存在感。我常说生活中最具魅力的人不是我所感兴趣的人而是对我感兴趣的人。“成为有魅力的人吧。”我如是劝道。

我曾多次听到克林顿总统是多么关注人民。许多只与他有过一面之缘的人表示他们已被克林顿总统深深吸引，因为他对他们的专注，他的眼睛会与其对视，在那短短的瞬间，他们觉得自己对他而言是世界上最重要的人。这给他们带来了惊人的影响。

当我问团队成员什么样的行为技能能够使领导者从能干的领导者中脱颖而出成为杰出的管理者，他们总会说，感同身受的倾听能力是领导力中最重要的技能。

不倾听的行为会拉远距离

在同样的员工调查中，我问他们如果发现自己的老板并没有真的在听他们讲话时会作何感想，此时产生了一个令人担忧的分歧。虽然他们认为优秀的管理者应该善于倾听，但他们自己却很少倾听。因此，他们的动力以及参与度如他们的绩效一般大大下滑。他们渐渐地会只做他们需要做的或合同上规定需要做的事情，而不会全力以赴。而这种只做分内之事与超额完成之间的差别将会带来尚可与超常的绩效之间的区别。不倾听的行为会降低员工的责任感、主人翁意识以及重要感，从而使其变得消极。

倾听的益处

真正的倾听可以促生尊重、亲密及信任，提高生产力，加速问题解决，并能迅速发现错误传达及冲突。人们的真正动机、价值观及感受得以显现。想法及解决方案得以产生。最重要的是，真正的倾听能够促生共同的目标、价值观、意义及一致性——这些都是有效团队合作及高绩效的关键所在。

我们已发现，领导力沟通的目标并不仅仅是传达信息；而是要提升参与度。而要提升参与度，就需要倾听。若你想真正激励他人，若想赢得大家的理智与情感上的认可，你便需要学会用优秀的技能进行倾听。无论你级别多高，仍可能出现倾听得不够的现象。

当皮特·沃森（Dr Peter Watson）担任AEA技术公司首席执行官时，我有幸与其共事。皮特当时受命推动AEAT从民众服务向以咨询为寄出的公司转变，以期在商业界繁荣发展。许多员工对于在他们看来完全不必要的自下而上的改变感到十分愤怒。皮特肯定很容易躲在管理及权力之后，对这种情绪不予理会。但他采取了完全相反的措施：他移除障碍，走上街，到处与员工进行对话。

皮特采取了小规模的会面，从而使每位受众能够参与其中，并且使自己能够听到每个人的观点。他倾听了每个人的观点，并回答了每个人的提问。若是他不知道答案的，他承诺会尽快找出答案并单独回答。他一直这么做着。这一举动引起了反响；员工们觉得自己的心声被顺听，于是愤怒情绪逐渐消散，公司也得以进一步改变发展。

对于所有领导者都需要明白的这件事，皮特十分清楚，那就是："倾听契约"的力量。这一"协议"指的是"我会倾听你说的话并思考，因此你也要对我以此相待"。这一契约很简单，但要求领导者能够跳出向员工下达信息的行为模式。皮特当时面对着大多怀有敌意的员工。他没有选择说教，而是选择了倾听。这为他赢得了信任：正因为他倾听了，因此员工也会听他说话。

他的真诚赢得了员工的心；他们开始相信皮特对他所做的事具有信心。

然后，在会议结束后，皮特根据员工所说的内容采取了行动，除了寻找问题的答案外，他更是按照设定及传达的公司未来的规划采取行动。通过倾听员工们的担忧以及隐藏其中的积极想法，他对这种倾听“言外之意”所带来的益处加以利用。

皮特的故事表明，倾听是领导者最重要的特质之一，它能够开放听众，对他们产生影响并使其重新关注更正面更具效益的目标。它能够改变行为并帮助达到效果。

你的倾听能力如何?

你是否在自己身上发现下列特点?

* 容易说得比别人多。

* 会打断他人，并认为这是对话中自然组成部分。

* 过快下结论，在讲话者未结束讲话之前便形成观点。

* 不耐烦，迫不及待想发言。

* 发现自己考虑的是自己接下来要说的内容，而不是关注当前说话人所讲的内容。

* 注意力极易分散。

* 评价说话人。

* 听到自己不喜欢的内容时会生气并表现出不满，尤其是在听到坏消息时更是如此。

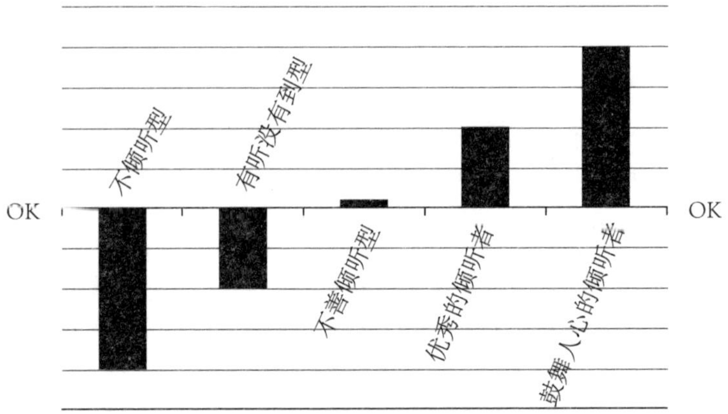

图 9.1　你属于哪一类？

假如符合上述几点甚至全部都符合你的情况，那么你就属于不倾听型，顶多能算是表面倾听型。切忌，这种情况不仅可能导致你成为差劲的领导者，也可能招致他人的厌恶。

下列特点呢？

* 你想要迅速得到结果。
* 你想要事实而非想法。
* 你对员工的感受不感兴趣，你只想知道他们做了什么。
* 你常常忘记员工跟你说过的内容。
* 你会选择性地倾听，注意力不集中。

注意！你现在可能成了有听没有到型的倾听者。你会错过许多内容，并且可能遭遇许多误解。更糟的是，讲话人在离开房间的时候会觉得你倾听了或理解了他们说的内容，但事实却并非如此。

下列特点呢?

* 你会主动倾听说话人讲的内容，但你并不会总是努力去理解言语背后所包含的意图。

* 比起感受，你对内容更感兴趣。

* 你不会努力观察肢体语言及面部表情，在倾听的时候你的眼睛会盯着虚空。

* 你会面无表情地倾听，并保持沉默。

* 你会在对方说完话后立刻提出解决方案。

注意！此时你可能陷入认为自己是优秀倾听者的陷阱，认为自己理解说话人的信息。但问题在于，你可能错过了说话人真实意图的关键线索，并可能会对未因对话而有进展的情况感到困惑。说话人在离开时会觉得你已经倾听但却仍不明白因而感到受挫。更有甚者，若说话人只是想获得一些指导，但你却“接过”主导权，给了对方问题解决方案，这会让说话人觉得自己的权利被剥夺，继而感到消极。

不善倾听十分常见。这个特点导致的最危险的后果便是信息受阻，而这些信息本可以阻止危机的发生或是推进突破。当今世界，管理者需要营造一个环境使员工能够迅速传达负面消息。获得负面消息的速度越快，便能越迅速地采取行动。不过，若你表现出了对负面消息的不满，那么员工将会不再向你汇报负面消息，而这样一来就会导致阻断了这些你工作上需要获悉的信息。若不能一直迅速地获得这些负面消息，那么你可能很快就会失业。

你必须确保自己不是偏信偏听与自己相同的观点，你需要积极主动地找出与你不同的观点与想法，需要倾听对你提出质疑、使你殚精竭虑，甚至反对你的人的声音。通常在这种非舒适区中，你才能够取得最大进展。此外，有时，你倾听的理由只是为了让员工得以发泄。

我的倾听重大时刻

我想与你分享我自己事业中的一个重大时刻，关于倾听的重大时刻。它让我意识到，有时，简单的倾听是领导者可以做的最鼓舞人心的事。

20世纪40年代，原子能研究基地成立，基地位于英国牛津附近的哈威尔。自当时至90年代，该处一直是英国原子能研究发展的主要中心。政府支出的压力导致英国原子能源署不得不重新定位研究方向，通过提供付费咨询及服务来解决行业科学问题。几年后，英国原子能源署被分为两部分——一部分保有所有土地与核基础设施的所有权，仍归政府掌控。其余部分私有化为原子能技术公司，由科学家与工程师组成，为企业提供咨询服务。该公司于1996年在伦敦证交所上市。

1992年，在这一私有化进程中，我被聘为原子能源署企业事务主任，主要职责在于领导沟通与改变项目从而实现原子能源技术公司的成功私有化。首席执行官皮特·沃森本身就是首席工程师，他任命我为哈威尔地区主管。

有趣的是，我读书时理科从未特别突出，毕业之后依旧如此——但现在却成了世界上最重要的科学机构之一的主管。我的角色是作为原子能源技术公司在该地区的员工的先头侦察兵，确保我们的老板满足我们的最佳利益。

哈威尔占地广且不规则。对我而言，该处仿佛大学校园，设有办公区、实验室、核试验设备、讲堂、操场等。在操场上，员工们会玩橄榄球或圆场棒球等午休活动。

我发现圆场棒球（类似于棒球）在这里规模很大。员工曾获得过联盟冠军。哈威尔地区简报会定期报道不同队伍的进展情况。在某一期中，简报通过明显暗示在某场比赛中存在“搅乱战术”来攻讦某支队伍的队长。这让这位队长十分不安，于是她先跟编辑进行了谈话，之后与基层负责人、通讯领导相继沟通，最后还与哈威尔区的领导进行了会谈（在我上任前）。

没人能够给她满意的答复。尽管已撤回简报内容，但她仍持续向上级管理层投诉自己的不满。在我上任后，她在简介材料上重点说明了这一事项。这件事棘手到最终大多数高管都害怕与其会面。

作为该区主管的首要任务之一就是出席当年的圆场棒球总决赛，为冠军队伍颁发奖杯。我站在放着闪闪发亮的银色奖杯的桌子旁观看比赛。在与同事聊天时，我并未注意到那位“臭名昭著”愤愤不平的队长的靠近。当我发现自己独自一人站在奖杯桌子旁奇怪同事都去哪儿了时，方才意识到发生了什么。

她与我面对面并问我是否知道她。我表示了肯定并询问有什么可以效劳。她问我是否知道她的不平遭遇。我表示已听说过，但不清楚细节，并问她能否告诉我。

我有点担心自己会遭遇和之前那些管理者一样的失败。但同时，我又极其同情她的境况。她认为自己被简报诽谤，并因此损害了自己的声誉。我能感受到她的痛苦并深表同情。我继续问她之后发生的事情以及每个阶段她的感受。

场上的比赛渐进尾声，很快我就要去颁发奖杯。在问了许多问题，并且在（她）流了许多泪水后，我表示理解她所经历的这些，并问我可以做什么来改善她的情绪。她想了一会儿，并咨询了她的丈夫（也在哈威尔工作并陪同出席了多场鸣冤会），然后给了我一个出乎意料的回答。

她说：“你是第一个真正倾听我说话的人。之前的其他人会打断我，或者在我说完之前就提出建议，或是为情况辩护。我不知道你可以做什么，但你的倾听让我的心情好了很多。我看看能不能想到什么事，到时再跟你说。”说完这些，她转身离开，让我恰好能够去履行我今天的工作。

几个月后，我仍未听到她的消息。最后，我突然意识到，我成功地解决了这个之前大家未能解决的问题。怀着同理心和尊重去倾听她说话，不辩护，也不试着提供解决方案，让她觉得自己获得了理解。我关心的不仅仅是事实，还有她的感受。这大概就是她所想要的东西。

好好倾听他人

根据经验，我发现有时你需要的仅仅是好好倾听他人。只有这样才能使他们继续前进。你需要认可他们的情绪，这样一来便是对他们的认可，并且表示你对他们的理解。通过提问让对方说明，你表现出了对他们的兴趣。克制自己提出解决方案的冲动，单纯地倾听他们并表现出你对他们的在意，你给予了作为领导能给予的最宝贵的东西——你的时间。这能表达你对他们的尊重，从而激发他们对你的尊重。

前面我提到了“倾听契约”，指的是为了使他人倾听你说话，你首先需要倾听他人。通过先倾听他人，你可以对他们的观点、立场、感受等有更深的了解，从而能够调整自己的沟通以更好地契合他们的世界观。此外，若感受到你的认真倾听，人们通常更容易接受你所讲的内容。

要成为优秀的倾听者，需要具备谦逊、自信、好奇这一少见的品质组合。他们必须要谦逊以承认自己并非无所不知且已做好向他人学习的准备。要表现出这一弱势需要有信心，而要对他人感兴趣则需要具有好奇心。

我曾说过，杰出的管理者需要有豪赌的准备以及远大的目标，即便他们并不能确定自己是否能够实现这些目标。他们只需要确保并相信自己的团队能够找到解决方案。他们需要相信团队有能力获得促进成功的想法。作为管理者，你或已知道需要做哪些事，但比起其他方式，通过倾听他人让他们实现目的，并推动他们为自己“找到”解决方案则意味着更大的努力程度。

我曾听说，我们所知道的东西中，85% 是通过倾听获得。在通常的工作日中，我们会花费 45% 的时间倾听，30% 的时间聊天，16% 的时间阅读，9% 的时间书写。倾听至关重要。然而，我采访过的领导者中，只有不到 2% 的人表示他们曾正式学习过理解并提高倾听技巧。

优秀倾听者的七大必要技巧

优秀倾听者需要：

1. 积极专注；

2. 同理心；

3. 阐明及解释；

4. 提问；

5. 反映；

6. 总结；

7. 行动。

让我们一一来看这七个技巧。

1. 积极专注

倾听时，要记住的首要事项便是你并非中心。你需要关注他人及其所说的内容，而不是担心自己要说什么。倾听时不要强调自我意识。直视讲话者，排除其他干扰想法。同时，避免受周围其他事物干扰。试着通过看着讲话者并表现出兴趣使讲话者感到自在。微笑，帮助对方畅所欲言。这需要让对方认为你确实有倾听的欲望。他们需要觉得如果他们跟你说了某事，会被妥当地接收。

尽量避免评价。评价时的领导并未真正倾听。若你的提问让对方觉得带有评价的语气，这会迅速使对方不愿多说。若讲话被不断打断，这也会抑制讲话者说话的欲望。当你被他人粗鲁地打断时，你会做何感想？思路被打断然后再也找不回是件令人十分沮丧的事。但不幸的是，生活中常发生这种打断他人讲话的情况，这是一种极不尊重他人的行为。被打断的次数越多，讲话者就越不愿再继续自己的观点，这就会导致脱离团队的情况。

与之相对，员工会尊重愿意倾听的领导者，因为他们知道倾听是件多困难的事。领导者若能耐心倾听，那么便能获得同级及追随者的尊重。你需要停留于当前，集中注意或记笔记来表明你在倾听。努力摒除杂念，专注于讲话者。若有需要注意的地方，记下笔记以便稍后再回到该点，但现在先将其从你的关注点中移除。我认识的一些领导者也讲到这些会议中记录但再不会去看第二遍的笔记，因为通过记笔记，他们保留了信息，又传达出了讲话者所说的内容值得记录的这一讯号。

你需要表现出你在倾听。不时地点头、微笑，使用其他表情，采用“没错”“嗯”等短小的语言来鼓励讲话者。观察讲话者的非语言信息——肢体语言、面部表情、眼神。人们可以通过非语言信息传达出与语言信息同等的信号。当人们并未用语言表达自己的反对或不赞成时，若你仔细注意对方的肢体语言，你通常可以清晰地察觉到对方反对的意思。踏脚、皱眉、握拳、咬指甲等，这些都能够传达出未言之意。

注意自己的肢体语言——双臂交叉于胸前或双手置于脑后均为消极的信息。身体前倾、经常点头、微笑——要意识到你的面部表情也会向讲话者传递信息。

努力集中注意力为何如此必要，对此也有心理学上的原因。人们的倾听速度是说话速度的 5 至 10 倍。讲话者说 100 个词的时间里，听者能够听 500 至 1000 个词。由于这种速度上的差异，听者极易注意力分散或受其他想法干扰。这种能力使听者很快开始担心下一场会议、考虑自己的陈述，甚至开始考虑晚餐吃什么。有效倾听的关键之一便是将这种能力运用于分析对方所说的内容，而不是任由自己的注意力分散。

2. 同理心

表现出你了解对方的感受。他们可能不会去表达自己的情绪，但是仍会存在线索。说出你看到的这些情绪。假如你说“我可以看到你对此有多愤怒”，他们可能会不赞成然后告诉你他们的真实感受，或是感激你发现了他们的情绪状态。你也可以说“我可以察觉你对此感到愤怒，因为你认为……”这样可以让讲话者知道你理解他们的感受及其原因。他们可能会说你理解了。或者你可以说：“我知道你的感受，我自己也经常这么觉得。”否则，你会降低对方感觉的价值。假如你想立刻解决他们的问题，那么会使他们觉得自己被低估、觉得自己不重要，或是感到压力甚至觉得被控制。大多数情况下，人们需要的是支持、信任与鼓励。

要想明确他人观点的根本原因，你需要倾听以获得他们的想法及感受的所有线索。不要只是嘲讽地说出对方的情绪——你需要表现出你对他们情绪的同感。表明自己在同样情况下可能也会产生这种感受，这一做法并无坏处。这不会降低你作为领导者的高度或权威，但确实鼓励他人敞开心扉的有力方式。

然而，假如你让自己的情绪干扰自己的倾听有效性，则会导致对话迅速结束。你需要客观地倾听，并严格控制自己的脾气。假如任由自己的情绪高涨，那么就会抑制讲话者说话的欲望，自己也会变得防御性过高，甚至攻讦对方。不要与他人争论——即便赢得了辩论，你也最终输掉了对话。

不要告诉对方他们不应该这么想。

3. 阐明及解释

尽可能采用开放性问题，如“然后发生了什么？”“当时你的感受如何？”“你为什么觉得是他们做的？”采用阐明性的问题，例如“我看看自己理解是否正确——我觉得你应该是说……”“我不是很确定你的意思，你能否换种说法重复一遍？”我经常会用这些句子：“你并没有这么表述，不过似乎你的意思是……”或“你确实觉得受到了排挤，是这个意思吗？”

注意不要过多问“为什么”，因为这可以被视为具有侵略性的问题，逼迫他人替自己辩护。可以采用这类句子来软化这一语气：“告诉我你为什么这样选择？”

4. 提问

提问是有力对话的重要因素。学会用委婉的方式提问对于优秀的倾听者而言至关重要。你的问题应该带有兴趣甚至是好奇。人们会很自然地想要回答别人向他们的提问。若提问坦诚敏感，我们通常会对其进行回应。我们往往都会以较为积极的方式回应问题。

当人们觉得自己被信任被倾听，他们回答问题会更为坦诚。什么样的问题才是正确的？这很难定义；可能是寻找确切结论的是非题，也可能是继续探讨的开放题。关键在于营造一个氛围，使试探性的问题得以继续。提问时不要夹杂自己的偏见，尤其要避免像演讲般冗长的提问。优秀的倾听者会提尖锐的问题，但会避免让他人产生自己被打击的感觉。

我曾有过谈话的大多数领导者都提到过一个有力的问题。这个问题便是“你对此有何感想？”这个问题之所以有力，原因在于它鼓励人们与你分享他们的情绪。迅速直达问题根部是个十分有效的方法，尤其当对方对你足够信任能够诚实地回答你的问题时则更是如此。在人们表达自己的情绪之前，可能很难就如何解决问题进行有建设性的讨论。领导者需要允许自己的员工有情绪。

你需要倾听未言之意，并提出能够揭示未说之事的问题。从字里行间倾听机会。真正的智慧不会看到反对，只会看到机会。你所听到的内容中，机会在哪儿？

5. 反映

关键的倾听技巧之一便是反映所说的内容。反映他人所说的内容，但要确保不是采用对方的表述。这需要大量的集中力。不过当你用不同的语言向对方反映他所说的内容时，通常能够帮助你理清情况或说明问题。通过用自己的语言反映事情，也能够让对方纠正与原信息有出入的地方。切记，你的目标旨在理解，反映性倾听是确保理解的最重要技巧。

不要只是简单的鹦鹉学舌，也不要运用反映性倾听来增加数据以用于之后地方案、评估、评价或惩罚。谨慎使用这种反映，确保它对过程产生促进作用，而非干扰作用。永远不要假设自己理解对方。沟通的最大挑战就在于认为自己已经理解。除非与对方确认，否则就存在误解他人意思的危险。学会倾听言外之意，并用眼、用耳、用心倾听。

6. 总结并感谢

在对话最后或过程中阶段性的总结自己所听到的内容是种十分有效的行为。可以使用“我听到你的是……”或“目前为止我听到的是……”你甚至可以让其他人进行总结。此时是完全确保你们理解彼此以便继续的时候。此时若你想表达自己的观点，由于你已经展现出了对他们观点的理解，其他人会更愿意倾听你的观点。

要记得感谢他人与你分享他们的想法，尤其是在他们敞开心扉展露自己内心最深处的感受或贡献想法的时候更应如此。即便你确实不认为对方又贡献了任何价值，感谢他们的时间及投入。切记领导者的工作在于建立联系与信任。若你能够进一步称赞他们表达自己的方式，那么你将会见证自己员工绽放的时候。

7. 行动

倾听所围绕的主题就是行动——它是让其他人发声，从而让他们根据自己所说的内容采取行动；是让人们关注自己所做的且更应该经常做的事，鼓励他们尝试新的行为，从而带来更好的结果，或是停止低效的行为。

当我们倾听，我们是为学习、分享或行动而倾听。例如，我们倾听市场或团队成员的声音从而来了解他们对我们、我们的服务及产品的想法。我们倾听员工，因为他们知道我们所不知道的每天发生的事情。我们倾听所有的这些数据及想法，并从中学习。管理者以这种方式倾听，他们则更可能做出更全面的决定。有时，我们倾听是为了开始或加入对话。这就是为分享而倾听。

为行动而倾听则是领导力的秘密关键。它能够带来改变。当我们为了行动而倾听，我们会积极主动地寻找要做的事、需要排除的障碍、需要实施的想法、需要完成的任务——所有能够帮助我们实现目标的人事物。

采用总结并建议关键的下一步行动来结束倾听，对其进行记录与跟进。假如采取行动却不告知他人，那么你便错失了进一步建立联系的重大机会。当团队成员认为你会根据他们所说的内容采取行动时，他们会更加努力地参与其中。

当然，有时你需要对对话进行掌控并引导至另一方向。这种情况下，若你能先表示自己听到了说话人所说的内容，再表明自己持有不同观点，这样的做法会更令人愉悦。你也可以决定不听取建议。这些都是你作为管理者的职权。不过，不解释为什么不采取行动的这种做法通常是一种懦弱的表现。解释，可以促进理解并建立尊重。至少，这一做法可以增强联系。若管理者能够解释自己的决定，即便团队成员不认可需要采取的行动方式，他们仍会尊重并信任领导者。若团队成员觉得自己的观点被倾听并得到了尊重，那么他们便更易顺从决定并付诸努力。

倾听全团队的声音

杰出的管理者会倾听整个团队的声音。他们会倾听个体的声音，确保自己与小型团体中的员工会面，并与他们在早餐会或晚上的时候进行非正式的倾听。他们会在会议厅与大规模员工会面，并鼓励辩论及有挑战性的提问。

（我所知的大多数管理者通常是会议厅的问答环节中更优秀可信的讲话者。他们可能发表了精彩的开场讲话，但回答了提问后，员工们才会视其为真正的领导者。他们可以看到有着强烈观点并且能够富有激情与学识地回答问题的领导者，或者看到对于某个问题没有答案于是谦虚地说“我不知道”的管理者。他们看到管理者致力于找出或解决问题，因此比起正式的演讲，他们在这一环节中会更受鼓舞。）

即使管理者不能亲自出席，他们通常会系统性地派出团队重点小组来倾听成员的想法。他们倾听员工调查，并关注员工对于团队的看法。他们会担心不高的参与度，并常常倾听员工的情绪从而确保团队的运营达到最佳。许多领导者甚至采用我在前面章节提到的系统性倾听技巧在公司进行倾听程序，确保反馈能够迅速从一线到达需要决策的地方。

这些管理者不仅会倾听团队内部的声音，同时也会倾听所有利益相关者——消费者、评价者、竞争者以及其他利益相关群体。他们会将自己所获得的信息带回团队，鼓励对话来改善绩效。

无论何地，无论倾听对象是谁，杰出的管理者都会提出有力的鼓励性问题。我所知的五大有力问题如下：

* 我们在这里需要继续做的是什么？
* 我们需要停止做什么，为什么没有停止？
* 我们需要改进或做得更多的是什么？为什么没有这样做？
* 我们需要开始做什么，为什么还没开始？

* 假如你在我这个立场，你会做什么？

这几个“做什么”的问题极具价值，因为它们能使管理者在避免听起来像管理咨询员的情况下找出优势、弱势、机会与危机。这些问题直白并且极具效力。无论何种团队语言，它们都是很容易问的问题，并且能够促使团队成员谈论影响公司的关键行为。若在公司不同级别不同部门询问这些问题，你便能够很快了解需要采取的关键行为。这些问题之所以有效，是因为它们能够反映出未知的障碍，并激发灵感。（这些问题与第七章提到的参与度阶梯以及第八章的沟通计划流程紧密相连。两者都是关于改变行为改善结果所需的沟通。）

第五个有力问题则是“假如你在我这个立场，你会做什么”，我常看到管理者采用这个问题，而这一问题能够引发一些十分具有想法的反应，通常会展露一些此前未曾考虑过的行动想法。这会促使讲话者将自己置于领导者的立场，并给出深思熟虑的回应。

我最喜欢的一句话来自美国报纸专栏作家道格·拉尔森（Doug Larson）。他的话在网络上经常被引用，但这句着实精辟：“智慧是你本想讲话时却选择了倾听所带来的奖励。”

对不良倾听的反应

近期，一位管理主任在极其漫长的一天之后应我的要求来找我。我之前跟他要他代表我领导的一个大项目的最新信息。我很累，并且急着阅读第二天一大早与一位重要客户开会的材料，更糟糕的是，我忘了与他的会议是关于什么，并且告诉了他这点。我所传达的所有信号都表明我没心情倾听。

他很勇敢地想要加快速度，但发现我注意力分散且不耐烦时便泄了气。我也没有提问，只在他的汇报结束后简单地道了声谢，并不走心地恭喜了他所取得的进程。他离开办公室的时候，我可以从他的肢体语言上看出他有多沮丧。

当晚，我感到十分困扰，并且对于我对待他的方式感到十分愧疚。第二天我去了他办公室，并坦白地承认自己昨晚的行为是有多糟糕。我向他道歉，并表示自己没有好好地听他说话，并询问他是否可以再次进行说明。

这次我更加专注，并且更热情地倾听，提出更多问题，表现出了极大的兴趣。他自己的肢体语言以及热情也发生了极大的改变。可以说，我的道歉以及想要第二次倾听的举动极大地修复了昨晚所造成的损害。

两次倾听中，我都没有提出解决方案或建议。唯一的差别在于我倾听的积极程度。两次的结果差异十分巨大。第一次他离开的时候消极沮丧。而第二次倾听结束的时候，他又重新恢复了热情与动力。

正如我所说，倾听是优秀领导者最重要的行为之一。它是领导者最渴望的行为，但通常也是他们觉得做得最少的行为。员工会观察领导者的行为并对其进行审视，从而获取信号以便得知他们的领导者所认为的重要的事。假如他们得到的信号表明领导者不认为倾听是件好事，那么他们很显然就会相应地不去倾听自己的下属、同级同事或其他同事。

说到发出信号，领导者通常未能意识到自己的行为对下属的影响，并且通常会震惊于自己的行为对团队造成的负面影响——这种影响通常与他们努力实现的南辕北辙。接下来我们将对此进行探讨……

10 发送信号：激励或打击他人的非言语方式

言行不一是领导有效性潜在的最大威胁。若领导者能够确保自己言行一致，他们的激励值则会大幅提升。本章旨在为如何发送更多积极信号提供指南。

本章为这本书最短的章节，但由于本章主题可能是你最忽略的内容，因此这一章节可以说是最重要的章节。

作为领导者，你的一言一行都将作为他人参考的范例，你无时无刻不处于他人的密切关注之中。你的追随者每时每刻都会对你的肢体语言及行为举止进行评估。他们自己会根据你的行为进而对正确的行为方式得出自己的结论。他们会从你的行为而非你的言语中发现模式，并从中获得提示。

言行之间的出入是领导有效性潜在的最大威胁。这是员工对领导评价低的一大主要原因。若领导者能够确保言行一致，那么他们的激励值则会大幅提升。

简而言之：若你不理解自己团队的行为，那么你确实应该看看自己的行为。假如你的每一行为均起到示范作用且时刻受到关注，那么员工会对你的行为进行评价，认为这就是他们行动的正确方式、办公及解决重要事项的可行方式，并因此形成自己的行为模式。

我已在公司中无数次发现这一现象——多到我都记不清具体次数。对于领导团队获得反馈时溢于言表的惊讶之情我已见怪不怪。

“对公司造成负面影响的是你自己的行为，并非单因员工想要造成阻碍。”

“什么？什么叫我自己的行为——我告诉他们什么，我自己再清楚不过了。”

"没错，但你传达的讯息并非仅通过你的言语，同时也通过你的行为举止。而他们所观察到的你的举止则使他们困惑 / 不安，或使他们变得消极。"

沉默。

过去一年中，我与四家不同的公司中的四个不同领导团队共事。他们的公司知名度很高，你可能在生活中以不同的方式接触过他们的品牌。我的工作则是帮助他们清晰表述具有影响力的目标以及清晰的价值观体系，同时也包括对高管团队以及下一级的许多高管成员一一进行访问。（公司中的大多数高管委员会由 8 至 10 人组成，包括首席执行官。每位高管委员会成员有 10 至 15 份直接报告，加起来则是相当大量的访问材料。）

每个案例中，领导团队的成员都会对其行为给公司带来不和谐的情况感到愧疚。他们的追随者都十分清楚——领导者的行为在公司中传达出了强烈的信号，员工察觉了这些信号，便会对其进行讨论并采取相应的行动。因此，公司里情况的发展趋势则与领导团队想要达到的效果南辕北辙。

我们也曾遇到过这种情况。这种冲突——一旦存在——我们听到的与自己看到的冲突将会极大影响我们的态度。乐观来看，我们会对领导者失去信任，继而不考虑领导者的行为而努力实现自己的目标，而不是因为受到领导行为的感召而去实现目标。在最坏的情况下，我们可能会感到困惑、消极，从而导致绩效大幅下降。

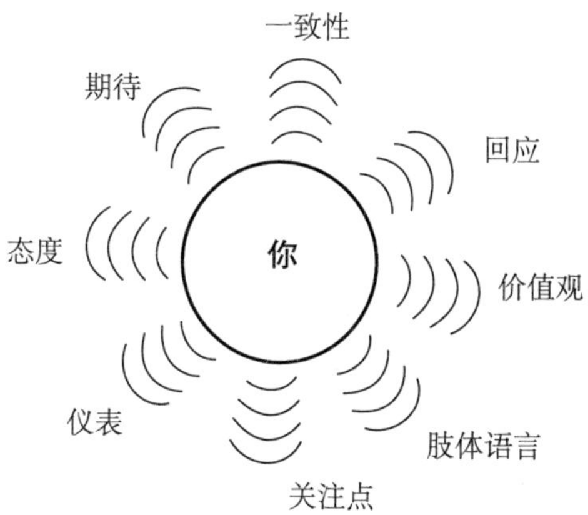

图 10.1　你所发出的信号

在于你的行为及关注点

举个例子。我曾工作过的一家公司里，领导团队想要促进公司不同部门间的合作。若是打算改善已经到达顶峰且有可能下滑的客户满意度评级，这便很有必要。领导团队不明白为什么无法提高部门间的合作。他们劝告自己的团队每天这么做。但是，我们的研究表明，员工们认为领导团队之间是分开的，并且他们的成员为了追求个人或竞争目标则会公开反对彼此。首席执行官对此感到震惊，执行委员会的所有成员也是如此。

首席执行官鼓励在每周执行会议上进行激烈的辩论，认为这是获得有效方案的唯一方法。但问题在于，这些高管离开首席执行官会议室后仍未停止激烈的争论。他们会继续通过邮件与对方争论，并且这些邮件会抄送给下属，认为这种做法可以传达出他们坦诚地质疑对方这一信号，而这也是他们希望从下属身上获得的做法。但是，这种想法是错误的。员工对这一信号的理解并非如此。这种做法非但没能鼓励合作，反而会促使员工认为合作对其事业是种危害。当自己的领导如此公开地说了同级的愚蠢想法，在这种清楚自己的主管公开反对对方部门领导的建议的情况下，员工很难开始与对方部门的合作。要让员工相信情况并非如此或修复之前造成的损伤需要花费大量力气。

另一个例子，作为给连续6个星期每天工作18个小时的管理团队的奖励，我的CEO客户专门在伦敦一家时尚的餐厅招待几位主管及其夫人晚餐。这一团队过去这段时间里一直在做成本削减项目，这对于提高收益已暂停增长的公司的利润而言十分必要。这位CEO未能意识到自己这一举动的讽刺之处，但他的同事发现了。一位员工表示："带领导团队去奢华的餐厅吃饭然后回到办公室后告诉我们需要在任何可能的地方削减成本，这是十分奇怪的一种信号。"

在这一例子中，领导团队感到十分惊讶。本来只是表示感谢的方式居然被理解为是虚伪的表现。他们对此感到不解，而我相信，假如他们想明白了，他们会更加注意并采用其他方式来对领导团队的工作进行认可。

你所做的一切都是示范，并且都会传递出去。你所做的决策、实施的政策、已做或未做的事，无法解决的问题——所有的这些都比你所说的话更能清晰地传达讯息。假如你说销售是最重要的，然后你又关注如何削减成本，那么大家的注意力会放在哪里！假如你反复强调达到优秀成绩的必要性，但却只给表现差的人放了假，这会使所有的人感到困惑。尽管可能不适应，但领导者必须认识到自己所传达的信号远不止通过语言所传达的信息。真正在行的领导者会对这点进行有效利用。

在于一致性

你是否经常听到员工谈论自己的老板多么善变？前一天老板还平和地忽略了失败并平静地讨论解决问题的办法，第二天他/她就大发雷霆，接下来好几天你都可能无法与之沟通。《杰克怪医与海德先生》（*Jekyll & Hyde*）就是个典型例子。我觉得在当今工作环境中，这恐怕是极为常见的情况。无论是赢得了新的大客户，还是客户流失或犯了简单的错误，与员工交流时保持一致性是为所有员工营造积极的工作环境的关键所在。

向他人询问你是否通过行为在团队中传达了一致的信号。切记模棱两可的信号极其危险，因为不同的人对于信号会有不同的理解。因此，一致性具有一定影响力。

鉴于此，清楚表明行为的最低标准，然后从一而终地不断加强这些标准，这是作为领导者可以传达的最重要的事情。即便员工不喜欢你对他们的要求，但至少他们会知道自己的立场，并且知道你会公平对待他人。

在于你是否实践价值观

大多数情况下，你需要示范自己所希望的行为，你不能要求他人去做你自己都没准备好去做的事。若你是企业或团队的领导者，这意味着你需要成为企业所代表的所有事情的模范。对于相较于你所说的话显得虚伪的事，你不能做，否则很危险。

最危险的事在于说了自己想要达成某事但却无意识地传达出了其实并不需要的这一信号。这种沟通现象称为“元信息沟通”。元信息指的是在沟通过程中无意识地通过非言语的方式暗示的信息。元信息的意义很重大，占据了你所传达出的信息，这会使得员工对你所说的内容有不同的理解。元信息可能会损害工作中的信任与坦诚。这类元信息中最糟糕的是与公司价值观相关的元信息。若你将价值观放在墙上的海报中，但你的所有行为都与这些不一致，那么员工便会视公司价值观为敝屣。

假如无意遵守的话，为什么还要费事把价值观张贴于墙上呢？这种情况的话，不费这事更好，毕竟这样的话至少不会产生言行不一的地方，而言行不一这是可信度的最终破坏因素。

我常建议领导团队要十分具体地定义行为，他们需要以一个整体的形式来传达信息以便为公司价值观做示范。这就需要考虑可能会传达出强烈信号的行为，同意遵守这些要求，并且加强问责。

在于你的回应

大家会注意到你如何对待身陷个人危机中的员工。而对于你是如何调整公司来应对更大的危机或是面对其他国家的挑战，大家的关注度会更高。你是否记得员工的生日、婚否或个人成功都能够表现出你的许多信息。

有次，我与一位倍感压力的 CEO 从董事会走向办公室，碰到走在前面的秘书滑倒在地。这位 CEO 停下了脚步，看着另一位助理对摔倒的那位施以援手。他未发一言，然后就继续向办公室走去。那时我并未怎么考虑，因为我知道他确实停下脚步看那位秘书是否安好。而他的脑海里充斥着其他事情，由于生意遭遇重大危机，他需要去拨打几个重要电话。

到了第二天，不断有人跟我说这位 CEO 是如何无视陷于困境的员工，无视其受伤及尴尬直接冷漠地走开。员工们对他在当时的回应产生了误解，但这种误解却在第二天广泛地传播开来。因此，他作为领导者的可信度大大下降。

许多和我合作过的人都表示，他们所要传达的信号中，最难的一点便是要站出来，让大家看到，即便是在困难的时期。当面临极大的不确定性，并且由于缺乏有益新闻导致确实无话可说，那么只要出现，倾听其他人及其担忧，这种鼓励性的行为就能够获得他们的极大赞誉。

要让团队成员可以看见你、找到你，这是有力的正直的信号。

在于你的肢体语言

团队管理者不注意自己的面部表情及肢体语言时会带来的负面信息：

* 缺乏对某一员工的信心或信任；
* 管理者对员工情感的认可程度；
* 对不恰当行为的默认；
* 管理者自身对于某个问题的负面感觉；
* 管理者自身缺乏对某个行动进程的承诺。

没有领导会希望故意将这些信息传进公司。在每天与人交往中，我们会无意识地以自己所观察到的对方以及他们的面部表情及肢体语言为基础。

领导者必须时刻牢记他人对自己所有的期待，包括展现出来的一面以及对他人的行为需要时刻保持积极乐观。我们的站姿及走路方式会反映我们的感受。非语言沟通会透露我们内在的感受，因此若想防止自己的身体传递出与自己想要表达的意思不一致的信息，那么学会掌控情绪便至关重要。头部的摆放方式，手放置的位置，是否双臂交叉——这些都会传达信息。

消极的肢体语言包括身体向远离谈话对象的一方倾斜、交叉双臂或双脚、眼神看向别处、擦揉眼睛或后颈，或（我个人最喜欢的）双手交叉置于脑后。积极的肢体语言包括靠近谈话对象或身体向其倾斜、双臂放松不交叉、长时间眼神接触、真诚的微笑。

在于你的期待

当你对团队成员怀有最大期待，他们所能实现的结果常常会十分惊人。若你对他们怀有最大期待，通常便会无意识地传达出最佳的讯号。怀有最大期待，你对团队的接触与肢体语言也会随之发生改变。你会期待与他们互动，想要听到他们的进步，并且会为他们的高成就感到欣喜。若对团队成员没有什么期待，即便你不说什么，这点也会表现出来，进而导致他们也不会产生令你惊喜的成果。

不妨上网搜索一下“皮格马利翁效应”（Pygmalion Effect）。这一经典且颇具争议的研究表明，实验中教师对学生的期望值越大，学生的成绩就越高。这种现象以乔治·萧伯纳的作品《皮格马利翁》（译者注：又译名《窈窕淑女》）命名。显然，与之相对的就是葛林效应（Golem effect），指的是低期望值会导致成绩下降。

实验中，教师会拿到一张“高分”学生名单。他们被告知这些学生成绩会很好。而到了年底，这些学生确实取得了很好的成绩——即便他们实际上本来成绩并不好，并且其实是从学生中随机抽取的。这一结果表明，教师对学生潜力的期待使得他们得以取得超水平的成绩，这一从未直接向学生传达的期待却不断通过非语言讯息得以传达。教师会无意识地传达出理解、喜爱以及亲切。处理这些学生相关事务时，他们并未采用任何“仗势性”的行为，而是会给出更积极的反馈，并且会时刻表现出鼓励性的肢体语言，此外也会定期给出其他表现认可与鼓励的信号。

这一切听起来美好得不像是真实的，但大学研究者已发现皮格马利翁效应可以在各种工作团体中取得积极的结果。仅仅通过抱有积极的期待，这便能够得以传达并能影响团队的成果。这就是如何实现无声的鼓励。

另一方面，当你总是通过站得笔直、抬头平视前方、面无表情，并且用很有力的语调说话等传达出地位、权利及高度自信的信号时，便很难让其他人融入参与。有时确实需要传达这些信号，但要注意其使用方式。

在于你的态度

管理者需要为自己是最能影响团队成员感受的这一事实承担责任。你使他们产生的怎样的感受将会影响他们的参与度，而他们的参与度则会决定结果，而这则是你所最终负责的对象。作为老板，你拥有让员工根据你所发出的信号来判断自己是否重要的这一不适宜的权力。你的行为及话语会因为你所处的地位而被大幅度放大，导致小小的责备甚至都能使他人怀疑自己的重要性。

扪心自问，当你感到自己很重要时，你的心情如何？这与你的自尊直接相连，而自尊与成绩之间更是具有直接的联系。若你能像克林顿总统那样让每个员工都觉得自己是公司里最重要的人，那么你将收获令人惊艳的效果。

我常说，若你直接告诉他人具体要做什么，这种做法肯定不比鼓励他们自己寻找答案所获得成果来得杰出。要做到这点，你需要倾听他们，提出合适的问题，并引导他们找到解决方案。由于你给了他们时间，你表现出了兴趣，并且他们能够提出你认可的解决方案，因此他们会感觉到自己的重要性——这样一来，他们不仅会努力行动，更是会决心取得优秀的结果。

工作环境对于员工的热情与参与度都至关重要。而工作环境不仅仅是指桌椅还有墙上的画，更是主要与氛围相关——而氛围则是由你决定。

在于你的外形

在我最初开始从事销售时，我的老板认为我应该开始打高尔夫。他认为在阳光充沛的南非，打高尔夫能够让我展开社交，建立起相应的关系，从而能够促进销售。他是对的。而从最一开始，他便清楚地知道，我必须看起来像个高尔夫球手，因此有一天，他亲自陪我去一家高尔夫用品专卖店帮我把关买了衣服、鞋子、包及其他装备。他是十分理想的老板，因为他甚至还帮我弄到了一家高尔夫俱乐部的会员，并指导我每周三去那家俱乐部——唯一的规定是我需要确保是与客户或潜在客户一起。

虽然我在那之前也接触过高尔夫，但此前从未真正觉得自己是个高尔夫球手。而当我第一次穿着相配的高尔夫外套带着装备踏入练习场时——我惊讶地发现自己确实觉得自己像个高尔夫球手，并且仅仅因为自己看起来很像那么一回事，我便对自己更有自信了。

需要看起来很像，这其实很真实。人们确实会以貌取人，因为外貌是你沟通所要通过的第一道屏障。看起来像个领导是成为领导的第一步。若你想展现高管的形象，你则必须具备庄严的举止、杰出的沟通技巧，以及经过修饰的外形。个人修饰关系重大。我采访过的许多领导者都会专门跟我说他们会看员工的外形，若外形不符标准，那么便足以让他们很快否定这一候选人。这并不是说当公司文化是可以随意着装时反倒身着套装，但确实意味着要确保服装整洁——不要穿褶皱、不净或太紧的服饰。干净的指甲、锃亮的皮鞋、修整的指甲以及清爽的发型都能够传达信号。要注意，更要小心。

向自己传达信号

自控方式会改变我们的想法，而我们的想法则会改变我们的行为，而我们的行为则将决定结果。

作为领导者意味着要从外形、行动、走路方式以及说话各方面都像个领导。明确热爱自己的工作，并将这一点表现在他们所做的每件事以及每个表情中的领导极具感染力，而这种感染力不仅仅限于他们自己。杰出的领导者可以传达出积极与乐观，他们经常会通过微笑、有力的步伐、笔直的站姿等来实现这点。而员工们则肯定会注意到。

最近我在读《最佳性能》（*Peak Performance*）作者查尔斯·加尔菲德，他认为面部表情对俄罗斯奥林匹克举重团队的成绩产生了影响。显然，加尔菲德注意到了当举重运动员竭力举起时，他们会对这一痛苦的动作做出痛苦的表情。于是，加尔菲德鼓励他们在那个竭力点保持微笑，这使得他们能够举起更多重量，进一步提高了他们的成绩。

上述情况中，运动员在给自己传达信号。苦练意味着艰难的任务，而大脑则会将这种压力化学物质传递进血液。你感到的压力越大，事情则会变得越困难。与之相对，当你微笑，你给自己传达的则是积极的信号。你便极可能完成任务。

永远要记得认可、鼓励、感谢

团队应当永远充满挑战。无论走到哪儿都是如此——提出更高要求、发现机会、永远只接受最佳。他们具有强有力的愿景，并促使员工迈向成功。作为管理者，若不再有进步的理由，那么你便失去了目标。

但是，若这种残忍无趣的追求并未被其他更温和的品质所平衡的话，那么你便可能会被视为严苛残酷的任务管理者。你会被认为总是挑剔不满。

需要传达的所有信号中，最重要的信号之一便是感激，发现杰出的表现予以认可。我对大多数领导有多不擅长这一领域感到十分震惊。我会经常要求合作的领导直接报告他们对自己领导的看法，其中分数总是低于其他项的内容就是认可他人的贡献。表示感谢并对优秀的表现予以认可如此简单有效，因此在知道许多领导并不会在这上面多花时间时我感到十分不解。

当员工取得重要的成果时，举办小小的聚会；发送感谢卡、讲述团队中表现良好的员工的事迹，在简报中对他们进行表扬——这些都能够传达出最有效的信号：成绩很重要，实现这一成绩的人更重要。庆祝成果可以使这种高绩效的表现呈现给公司中的每个人，并且向他们明确传达要求的行为与标准。这是我高度推荐的一种双赢的信号。

进行信号审查

鉴于以上所有原因，我在此建议在团队中进行信号审查——来确保你明白自己所真正传达的信号。询问团队成员他们眼里看到的管理者的行为，以及他们因此所做的事。我敢保证这些发现将会出乎你的预料。

11 用故事来鼓舞行动并塑造文化

你可能会觉得我会以一个故事开始这个关于故事讲述的章节，但我并没有这么做。相反，我想谈谈我们倾听故事的方式。为什么呢？因为故事对大脑产生的影响与逻辑数据等产生的影响不同，而这也是故事对领导而言如此重要的主要原因。

我们在听故事时所使用的大脑部位与平时参与讨论或聊天时使用的部位不同。在正式的陈述中，我们仅使用大脑的一个部位——即左脑中的语言处理部位。倾听陈述时，内心的愤世嫉俗同样会对我们听到的内容进行质疑，并根据自己的认知及经验对其进行筛选。而到了第二天，我们则很可能忘记了所听到的大部分内容。

但在听故事时，我们动用的则不仅是语言处理部位，同时还会动用“经历”故事中的事件时会动用的其他大脑部位。例如，当讲故事的人描述咖啡的味道时，我们的感觉皮质便会发挥功效；若他描述乘坐过山车的经历，那么我们运动皮质便会被激发。听故事时，我们会开始共同创造故事，对场景进行想象，动用我们的感官，并且——最重要的——延缓我们的评价功能。这样一来，信息便得以传达。右脑会协同左脑——描绘记忆图像、建立联系并寻找故事的情感面。故事可以超越理性争论，因为它能使整个大脑运作起来，而非其中的一部分。因此，故事更易记忆。

我们更易考虑一个故事的不同观点，因为它使我们的大脑处于一个更善于接收的状态。我们会更加开放，会将我们有限的信念、价值观及观点搁置一旁。一个好故事会使我们如此融入以致我们会将其转化为自己的经历。你是否经常听到朋友或同事仿佛讲自己的故事一般向你再现某个故事？他们可能不记得这个故事最初是你讲给他们听的，但他们却会记得这个故事！

用大脑听、用心听、用灵魂听

这是讲得好的好故事的主要益处之一。与枯燥的带幻灯片陈述不同，若故事讲得好，我们到第二天仍能记住。我们会用大脑、用心、用灵魂倾听故事。由于我们会在情绪上融入并被故事打动，因此我们会受到鼓舞而采取不同行动。

我所掌握最早的指导习惯之一便是不要尝试告诉客户去做什么，而是向他们讲述故事——从自己的经验中寻找与他们所遇到的问题相近的故事。这样做的效果几乎总是十分惊人。虽然我的客户并不一定能得出与我所预想的一样的结论，但他们会将故事与他们自己的经历联系起来，并参考故事得出自己的行动想法。

这里的关键在于：故事可以使你整合自己的信息，使其能够让每位听者按自己的方式理解。

为什么我们会对故事有这样的反应呢？因为我们无时无刻不在故事中思考。无论我们是否喜欢讲故事的这个想法，我们总是在讲着故事。每天的大多数时间里，我们都会以故事的形式谈论同事、朋友及亲人。我们是天生的故事倾听者与讲述者。

当我们还是小孩时，我们就天生喜爱故事，会因其感到兴奋。这种对故事的兴奋感一直伴随着我们，不过在上学继而初入职场后，我们会逐渐发现逻辑辩论是种更佳的办法。我们被教授要用幻灯片来展示自己的关键信息，我们也变得相信这是说服他人的方式。

听者大脑中的争论

由于这种逻辑关系，许多人连成功的沟通都很难做到，更遑论鼓舞他人。他们可能会过多使用公司行话，导致他们想要传达的信息会受到质疑。管理者的职责在于激励成员实现目标。为实现这点，管理者需要将追随者的情绪考虑在内。但是，管理者通常倾向于以逻辑论证的形式讨论所面临的挑战及相应行动，运用数据、事实及引证来进行论证。但听者的脑海中则进行着争论，他们有自己的数据、事实及引证。即便领导者所做的论证十分有力，但不可否认的是，这可能到达不了听者的内心，不能促使其采取行动。

伦敦商学院团队行为学名誉教授约翰·亨特（John Hunt）就“CEO 的内向性”进行了一项调查。该调查表明：

工作中居于高位的人多数人并非大众观念所认为的那种可以体现公司愿景、价值观及情感刺激等并且时刻面带微笑、性格爽朗外向的类型。事实上，无论是在公共领域或私营领域，CEO 都更可能为内向、任务导向型，并且认识到做领导者不易的个体。

亨特教授发现，参与本项调查的 105 名 CEO 中，70% 不擅逻辑分析，并且会对展现自己的弱点感到不自在。另一方面，英国康格诺希斯咨询公司对 1600 名经理进行的一项研究表明，任何商业战略的成功与否在很大程度上取决于员工及一线管理者的“情感参与度”。研究结果显示，领导者需要超越“理智”，构思出理智上精明并且具有真正的“情感优势”的战略。而这则是关键的差异所在。大多数的领导者为内向、任务导向型并富有逻辑，但员工及其他利益相关者则需要情感。因此我多次发现，故事可以打动他人，并弥补这一情感上的差异。

领导力在于劝说

在劝说方面，故事比起纯逻辑更具有优势，具有情感上的影响力。作为领导者，我们要做的就是劝说。

劝说是领导力的核心。我们劝说员工相信我们的目标，并以更聪明、更迅捷、更高效的方式进行工作。我们劝说投资者为我们提供更多资金；劝说顾客购买我们的产品。劝说就是优秀的领导沟通的全部内容，而故事则是劝说最有效的武器。

故事之所以具有优势，还有其他原因。我们生活在信息过载的时代，而故事则能够穿过重重信息得以传达并被牢记。通过故事，我们能够在不与他人争论的情况下分享伟大的“真相”，从而创造出“顿悟”的时刻。故事能使我们以非指导或说教的方式处理问题及挑战。如如何改善绩效这类困难的对话，通过故事也能够很好地展开。通过故事，你可以质疑、促进、激励并鼓舞公司需要所有员工采取的行动。

故事所具备的情感影响力是再好的陈述也无法比拟的。逻辑分析或许能够到达听者的大脑，但故事却能直击听者的心。我是在 20 世纪 80 年代在 CIA 工作时才学到了这一惨痛的经验。（确实如此！）

显然你可能会认为 CIA 是中央情报局（Central Intelligence Agency），不过我指的是英国化学工业协会（Chemical Industrial Association）。彼时，我受雇于拜耳化学医药公司，位于英国伯克郡的纽伯里。彼时，英国化学工业协会正举行全国性的“大声说与倾听”（Speak out and Listen）活动。该活动要求化工行业公司的员工与全国各地的地方社区、女性研究所会议、圆桌会议、市政厅会议以及学校进行对话，主要展示人们是化工行业的中心，并努力说明这一行业的作为对于人们生活的正面影响。协会准备了十分优秀的幻灯片陈述，给了我演讲注释，而我也做好准备迎接我与公众的第一次会面。

经过多次演练，我觉得自己已经掌握得很不错。第一次陈述是在地方市政厅，我踏入该处，迫不及待地想要开始我的谈话。我向 100 多名观众展示了关于化工厂的幻灯片、化工业产品的优秀照片——从汽车方向盘到砖瓦与药品。我带领观众一起回顾了公司的历史，并讲述了我们对英国尤其是纽伯里所做出的卓越贡献。我运用了协会提供的所有图表、图片及数据。这个陈述可以说是极其大量的数据转移。

我所不知的是，主办方还邀请了绿色和平团队的人来演讲。在观众出于礼貌为我的演讲奉上稀稀拉拉的掌声后，下一位演讲者站起来讲述了化工业的一些吓人的故事。这些并非事实，甚至不一定是正确的，但它们却十分有影响力，并且饱含情感。因此听众便转而质疑我所说的内容。我感到十分惶恐。那些充满敌意的大量提问一结束，我便从市政厅偷偷溜走，急于结束这一有生之年最难堪最艰难的夜晚。第二天我立刻给协会写信告诉他们我再也不参加“大声说与倾听”的活动了。

几个月后，我们在拜耳的会议厅为我们的邻居举办了一个展览。由于我们的办公室位于住宅区，因此我们确实有邻居。该展览展示了化学制品如何变成家具材料、跑鞋、汽车方向盘、毂盖、仪表板等。它展示了颜料如何给他们所有建材进行上色，并展示了如拜耳发明的阿司匹林等药品、网球拍及其他运动器材——这些若没有来自拜耳的化学制品及塑料制品便无法存在。我站在一旁看邻居们对这一展览进行研究并审视每个展品，我对他们如此着迷于自己所见而感到震惊。第二天我致电化学工业协会并表示他们应该让我重新加入“大声说与倾听”活动，但从现在起，我将用自己的方式来进行讲话。在接下来几年中，我的讲话大受欢迎，因为我在各个活动中都会带着我的“有毒化学制品箱”——里面装着当时前来观看展览的邻居所着迷的所有展品。我会以告知大家远离我的有毒化学制品箱这一方式开始我的演讲，这会让他们感到困惑。因为他们看到的就是装着许多日常物品的箱子——而这正是我的关键点。

接下来我会向听众讲述在染制厂的拜耳员工如何发现了阿司匹林，告诉他们我们的合成燃料如何使他们能够拥有建造房子的彩色砖块，若没有这些彩色砖块，那么所有房子都会变成单调无聊的灰色。我会讲述关于科学、解决的问题以及了不起的发明。听众们喜欢听这些故事。当我讲完所有的故事并将展品分发给他们观摩学习，之后便会进行问答环节。这之后我从未遇到过充满敌意的听众，每次我们都能展开热闹、良性并且相互尊重的辩论。很明显——人们喜欢故事和道具。故事不仅能传递信息，同时也能创造关系、建立信任。自那以后，我再未采用过幻灯片演讲。

故事、比喻与道具：理想的组合

我办公室有只10英寸高的木制大象，是一位同事从南非回来时带给我的。他觉得这样会让我更有家的感觉，或可能认为这样可以鼓励我回家？无论怎样，我把这只木象当作办公室装饰品保存了多年。但之后我将其用于其他用途。每当我需要与员工进行艰难的对话，我会把这只象放在桌上，然后说："在这个办公室里，我们聊的总是房间里的大象。（译者注：指显而易见却又被忽略的问题）"

这一道具成了绝佳的比喻，便于我提及艰难的问题，提起所有人都知道但却没有解决的问题。同时，这样做可以给当下带来点小幽默。员工们会因此发笑，不过接下来我们就可以聊聊难以启口的问题。

好的比喻结合好的道具是促进沟通的有效方式。

我们时刻运用比喻。例如，我们会说"播撒种子"或"背后捅刀"或是"缺了一块拼图"等。所有人都知道这些并不是真的指播种或拼图游戏，当然也不是说真的把刀捅进某人身体，但听众们能够准确地理解我们想表达的含义。比喻是种简单生动的类比，它能够将复杂问题简单化，以便于理解。优秀的沟通者会有意识地运用比喻来使听众参与其中。不过他们也清楚地知道用滥了的比喻可能会失去意义。

“没气了（形容泄气）”“在沙上划线（指划清界限）”“平衡操场（指创造公平的竞争环境）”等比喻可能已被滥用。研究表明，使用频率过多的词及比喻会被听者忽略，继而失去效用。

为避免这种情况，你只需要将旧的比喻改编，从而利用人们这类比喻的熟悉并能让他们能够以不同的方式进行参与，如“开球”这一表达（译者注：英文为kick things off，表示开始某事）。哎，无趣，对吧？你可以对其进行改编，用新鲜的表达：“让我们把球开入正确的方位……（停顿），所谓正确的方位，我指的是直接踢下悬崖。我们需要重新开始。”

又如“大海捞针……也不是件难事，只要你在针上绑着绳并拽住另一端”这一说法？新说旧喻不会花费太多时间。

如果愿意，你也可以用足球队的比喻来表达观点。近期针对各行业多家公司23,000名员工的一项民意测验显示：

* 仅有37%的人表示他们清楚地明白自己所在团队想要实现的目标。
* 只有五分之一的人对团队的目标富有热情。
* 只有15%的人觉得自己所在的团队的环境能够使自己放手去做事。
* 只有20%的人信任自己的同事，并做好与其协作的准备。

若这是支足球队，这意味着上场的11个球员中，有7个不知道他们在场上要做什么。有8个根本不想上场。只有2人觉得他们可以做点什么争取胜利，也只有2人准备好与其他队友合作以实现目标。我问你：这样一支队伍，有多少获胜的概率？

将比喻与道具及好故事相结合，你便能够更好地参与其中。

目的性故事

鉴于讲故事所具有的效果，我有时会很奇怪为什么有些领导者就是不喜欢讲“故事”这一想法。或许，他们觉得故事只能是给小孩子准备的，商业中不需要？因此比起“故事”中这一表述，他们更愿意采用“轶事”这一说法。

根据与许多领导者的访问中，我收集了成百上千的商业故事。无论这些领导者是将其称为轶事或是故事，对于其本身性质而言并无差别。它们均为我所谓的“目的性故事”。

很明显，这些领导者十分喜爱讲述他们的故事，因为他们发现讲述故事时，整体的行为会发生惊人的改变。他们会变得更生动，更具表现力。他们会更频繁地使用手势，会将身体向我倾斜，并且会变得更可信更具说服力。诉诸故事时，他们会变得更人性化，通常会变得更谦虚——会讲述自己的怪癖及失败的经历。他们会用故事的方式来告诉我更多关于他们自己的事。他们甚至会花更多经历在故事中讲述自己员工的英雄事迹。

我能够清楚地记得每一个故事。当我对它们进行研究时，我有了三个重大发现。首先，每个故事都具有观点，激发想法及行为的特定刺激。第二，所有的故事结构相似。第三，寻找故事的六个要素。

首先，让我们来看看目的性故事的概念。

何为目的性故事？

领导力故事旨在改变思考方式并激发行动。这意味着需要谨慎挑选故事以实现目标。这意味着清楚自己想要利用讲述的故事达到什么样的目的。要实现某一目标，你需要考虑听众从故事中会获得什么，而这就意味着你需要了解听众，并运用你的故事去建立联系，激发共鸣。目的性故事具有强力的核心——其中心需有实质、真诚以及事实。这个故事应该是有趣的，引人深思的，并且通常会号召大家采取行动。

要选择正确的故事，首先要确定让听众带走的东西。你需要知道当故事说完，你想让听众相信什么、明白什么或是做什么。关键的原则依然是必须要改变行为并达成结果。

说明故事如何发挥作用的故事

有一个故事是有关我与一居家建筑公司的安全主任的相遇。他叫“史蒂夫”（Steve），由于他沟通低效并且办事风格不讨喜，因此我便被召参与工作。招我的人力主管说，虽然史蒂夫对自己作为健康安全主管一职十分富有热情，但事实上，他总是易怒并且控制欲强，这对员工的士气造成了负面影响。

员工们不明白到底是什么驱使着他或是为什么他会如此疯狂地追究细节。史蒂夫则愤怒自己的员工“不注意”，讨厌他们仅仅只是应对危机，从来不会主动寻求方式来解决问题或是想出好的观点。

我们深入了解了他的信仰与价值观以寻找他的真正动机。史蒂夫告诉我，在之前的公司，有个男孩迷路走入了他们的一处工地。当所有人都离开了，他努力穿越栅栏中的间隙，却掉入了打地基用的一个深坑中，并因此严重受伤。极度的疼痛以及大量的出血导致他在那天晚上孤独地死去。

史蒂夫怀着沉痛的心情负责将这个消息告知这个男孩的母亲。这是他的责任，但却是他人生中最悲痛的经历。

当他得知栅栏的间隙是由于自己团队中一名成员的疏忽所导致的时，他便愈加觉得沉重。而深坑也是由于他团队中的另一成员未能妥当维护而导致；这对于他们而言可能只是微小的疏忽，但这些细节的叠加却导致了致命的后果。

自此，史蒂夫相信，当涉及健康与安全时，细节无小事。当他说“我再也不希望跟又一位母亲说他的孩子在我们的工地上发生了事故”时，所有人都能深刻体会他这份情感的分量。

我建议史蒂夫在公司中讲述这一故事。每次一有机会，他便会如实讲述这个故事，并不添油加醋。“只用讲述这个故事，然后就撤离。”我对他如是说道。而他的故事在被诉说之后便为他在工作带来了极大的积极影响。

史蒂夫的整个团队明白了注重健康安全实践细节的重要性，并全心全意地予以回应。他的故事给他们带来的影响则是任何规章制度所无法达到的效果。这个故事真实、观点明确，并与其所在团队极为契合，因此它改变了他人的行为，并提高了安全的标准。无论史蒂夫是否在场，他的团队都会采取正确的措施，并且更乐于这么做。

一开始，史蒂夫很理性地为公司追求积极的健康安全战略，但这样做的结果却让他感到沮丧，并且让他的团队士气低落。而他的故事则传递了他的激情，并且为所有利益相关者创造了共赢的结果——而史蒂夫更是明白了自己的正直能够带来什么样的效果。

这个故事中包含六大要素，这六大要素是构成有力的目的性故事的关键组成部分。在接下来的几页篇幅中，我会将对这一故事进行解析，并展示如何构成自己的有影响力的故事，从而用于促进团队中的改变。

该轮到新故事了

不过，我想先讲个不同的故事，这个故事包含相同的六大要素，但这两个故事则并不相同。首先，我的故事的主题采取了史蒂夫的故事来改变整个团队的文化。这是个一对多的故事。下一个故事则是我用于一对一指导中所采用的故事的例子。

最近，我正对一高级顾问进行指导。他总是倾向于未将事情考虑完全便急于采取行动。有时，他会很幸运，快速的行动很快带来相应的结果。但通常的情况则是，他的操之过急会带来许多意料之外的结果，从而导致更多工作——不必要的工作——以及额外的成本。我希望他能够思考三思而后行的必要性，希望他能够理解有时不作为可能是更好的选择。

我向他讲述了近期回程的故事：“每天我乘坐火车从伦敦返回位于牛津郡的家，路上约 40 分钟。上周五，在繁忙的一周工作日的尾声，我已经只想回家来杯红酒，悠闲地翘起双脚，与我的妻子共同享受傍晚的夕阳。我真的十分希望赶紧回到家。当我最终登上火车，我开始放松下来，并开始畅想周末。坐我对面的是一位友善的女性企业家。正当我们开始聊天，列车广播通知火车由于迪德克特煤矿外几个站台的线路上发生了一起死亡事件将延误。要在迪德克特下车的乘客须离开本车（目前在站台 1），并乘坐站台 10 上待发的列车。这是个艰难的选择。是舒服地坐在这里等个几小时？还是飞速跑到站台确保自己能够早点回去？”我不愿给自己找借口，于是飞速地冲向另一站台。

坐上站台 10 的列车后，我便很快发现这辆列车也延误了。又一广播通知要去迪德克特的乘客现在需要迅速去站台 5，因为那辆列车将于“五分钟后”出发。于是我纠结地离开了站台 10 的这辆车，并且在离开车厢的时候手臂撞上了一突起处。剧烈的疼痛席卷而来。我看了下发现自己的外套没有被勾破，但同时我发现自己把雨衣落在了站台 1 的列车上。于是我从站台 10 冲向了站台 1，咋咋呼呼地奔上了列车，与之前聊天的那位女企业家打了个招呼。此时此刻，我汗流浃背。她十分震惊地看到我抓起雨衣，向她道别后又冲向了站台 5，并在列车出发前的最后几秒上了车。

我坐了下来，看了看自己的手表，惊恐地发现血液正从衣袖中涌出并顺着指尖滴下。我检查了一下，发现之前撞上的某物将手臂撞破了一大片，现在正大量出血。庆幸的是，血液并未浸透外套的袖子，于是我赶紧脱下外套以免被血浸污。我用原始的白手帕按压手臂进行止血。很快，手帕便被血液浸透。

在用手机查询后，我发现自己现在所在的这辆车并不是直达迪德克特，我需要再度转车。于是我便查询从这辆车的雷丁站下车后要如何转车。我发现路线是可行的，但是需要十分迅速，因为留给我穿越站台的时间只有三分钟。于是我便抓着自己的公文包、雨衣、外套等一路飞奔，终于勉强赶上。

此时此刻，我已狼狈得引人侧目。领口大敞，领带耷拉，汗流浃背不说，还浑身脏乱并且还在流血。我发现有个空座，于是我便走了过去，结结实实地倒在了座位上，喘着粗气。你猜坐在我对面的人是谁？正是在站台 1 那辆车上遇到的那位女士！她又惊又想笑地看着我……然后我们都不由地大笑出声。我们的进程相同，只不过我的境况更为糟糕。“有时，想要坐稳位置还是得付出代价啊。”她如是说道。

在听到这个故事的结尾，这位高级顾问也不禁大笑，不过我可以说他已经明白了我要表达的意思，我无需再多言。他知道我想要就他的急性子所讲的一切，操之过急所带来的结果，以及在紧急性的干扰前保持冷静甚至不采取行动的必要性。

自那以后，他又让我重复了几次这个故事，只不过是为了娱乐其他同事。但同时，他决策的表现则得到了改善。

好故事的结构

任何一个好故事都需要有主人公及反派。并且如果要具有娱乐性的话，还需要有不可逾越的障碍。同时，好故事也必须遵循下列基本结构。（见图 11.1）

1. 任何故事的生机在于强烈的欲望、需求、挑战或是重大的问题。强烈的欲望或需求能够促进我们的行为及动机。故事中的主人公必须有目标。在我的火车故事中，主人公的欲望便是极度想早点到家。这个若能很好的理解便是一个很老套的目标。在商业故事中，你通常需要有更大的目标及抱负。如安全主任“史蒂夫”的故事中，对我而言需要应对的挑战便是应对效率低但却满富激情的领导者。

2. 需要关注的主人公。在火车故事中，主人公就是劳碌了一周后急于回家陪伴妻子的我。你能否看到我舒适地翘着双腿惬意地呷着葡萄酒？同样，也可以是一位年轻人努力支付大学费用，科学家终生致力于寻找导致其父亲死亡的疾病的治疗方法，或是疯狂的发明家沉迷于制造风力引擎从而为缺电地区的发电机提供动能。在“史蒂夫”的那个故事案例中，主人公则是这个被过去的悲剧不断激励着的角色。

3. 现状——被打断的情况。你所观看的每部电影或电视节目都会描述人们进行着日常生活，然后突然命运之手出来打乱了现状。接下来发生的便是各种改变。而人们是能很好地应对改变还是无法应对改变所带来的挑战则变成了接下来故事的关键。在我的那个故事中，列车行驶线路上发生的死亡事件则导致了不可避免的列车延误。在商业股市中，可以是出现了富有创意的竞争者或是颠覆一切的破坏性技术。在史蒂夫的案例中，打断现状的因素则是我的出现以及对他过往的倾听。

4. 待解决的冲突，以及随之而来的考验与磨难。他 / 她是会成功，抑或失败？每一个令人印象深刻的故事都要安排主人公需要克服的严苛挑战或不可逃避的阻碍。在火车故事中，我需要快速抵达站台，撞到了手臂、遗忘了自己的雨衣，还得用手机查询路线，但仍然坚持要找到能载我回家的那趟列车。回到科学家执着于找到导致其父亲死亡的疾病的治疗方法的故事，这点可以是她努力寻求资助，或几项研究进入了死胡同，毫无收效。对于史蒂夫的故事来说，则是努力应对那导致他变成易怒老板的挥之不去的过去。

5. 带来解决方案的转折点。在火车故事中，这点便是我乘上最终的那辆列车后，发现之前在第一辆列车上遇到的女士坐在我的对面，然后我们两人都不禁在这颇具讽刺意味的情境中笑了起来。而在科学家的故事中，这点可以是发现了某一化合物可以构成新的药物，从而能够拯救成千上万人的性命。在史蒂夫的故事中，这点则是他能够将自己的愤怒及过去与一个故事相结合从而助力自己实现目标。

6. 反思。帮助听众明白他们应该从故事中获得的东西，但却不能过于直白。赶火车故事通过我与遇到的那位女士意识到我们在经历了完全不同的过程却达到了同样的目的来揭露了这点。谁的过程更为愉悦？在科学家的故事中，则可以是对治疗方法的毅力与不屈的信念带来了最终的成功。在史蒂夫的故事中，则是即便是最私人的经历也可以变成一个改变整个公司文化的故事。

看到了吗？你所读过或听到过的每个故事都会有这样的基本结构。

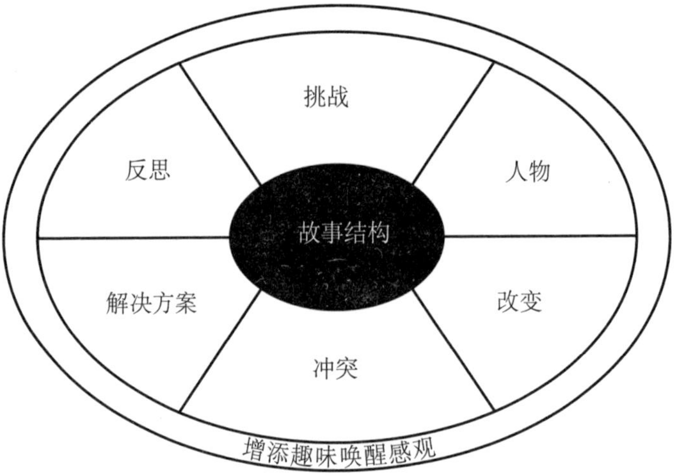

图 11.1　有说服力的故事的必要元素

增添趣味，提升吸引力

现在，你需要为这道菜增添风味，从而唤醒感官。有注意到在赶火车的过程中，我是如何变得越来越焦躁、汗流浃背甚至流血的吗？有注意到我是如何风风火火地赶上了火车然后瘫倒在座位上气喘吁吁的吗？你又是否有看到我的白手帕上浸透的鲜红的血？我越是形象地描述画面，你的大脑便更多地参与到这个共创的过程中，想象这些场景并“看到”这个故事。同时，你是否注意到我在结尾时的用句以及我努力不让结尾落于俗套的做法？

再次强调，大多数商业上的故事都会比我所列举的几个故事更为戏剧化，尤其是当这些故事不仅是面向个人，而是面向整个团队的时候则更是如此。

若进行归结，大多数故事都是关于问题、解决方案以及解决方案的益处。

* 问题？是想要吃掉三只小猪的饿狼。

* 解决方案？建间安全的房子。前两只小猪试过后失败了，但第三只小猪则用牢固的砖房成功抵御了饿狼。

* 益处？三只小猪平安地躲避在屋里，而饿狼则由于自己顺着烟囱掉入沸腾的水中而被烫死了。

最佳的故事通常是传达有力的教训或是强调能令大家产生共鸣的伟大的真理。通过这些故事，人们能够明辨情况，而讲述故事的领导者对其追随者而言则变成了真理传播者。

去哪儿寻找故事

团队中以及过去的经验中随处可见突出的故事。经常有人问我在哪儿找这些故事，也经常有人跟我说觉得一个团队里并没有什么故事可说。胡说。或许是因为我曾受过记者的培训，我从未觉得缺乏好的故事。无论我何时进入公司，我都能随处发现好故事。有讲述公司文化、信仰及行为准则的精彩故事，有讲述突破性发现、愉悦的顾客、英勇的员工以及赞助的供应商。真正的问题在于要能够将其转换为好故事。你需要学习注意这些可以重述的故事，或是注意自己经历中那些可以变为故事的事件。

一旦发现，用笔记记下十分重要。

我经常会为客户提供斜纹棉布封面的笔记本来作为故事资料库。我会让他们将其放在自己的外套口袋或者手提袋中。每次他们听到好的故事，便会记下。若你也这样做，很快就会有足够的故事资源！你需要做的只是在听到有趣的事情时多加注意而已。将部分精力用于记录发生在自己身上的事件，因为每个体验都可以变成故事。因此，到处都可以找到故事（见图 11.2）：

利益相关者需要故事

倾听关于顾客需求或是所在团队相关经验的故事，无论好坏。同样，倾听供应商、股东以及其他与你的业务观点相关的利益相关者的故事。这样会有助于你了解团队的外部的丰富观点，并且使自己能够就他们对你所在团队的需求进行谈论。这些故事可以是最具影响力的。需求即未解的问题。

战略故事

试着通过讲述未来某天的故事来生动描述战略。将会发生什么，为什么？你将如何衡量成功？为什么这对员工来说很重要？谁将从中受益最多？当你把未来当作已存在的事实讲述故事时，便能产生有力的推动力。可以展示工作目标或是员工如何推动你靠近战略目标。

价值观及行为准则故事

观察员工并发现他们或否践行价值观的案例。这样一来，你可以在加强希望大家遵守的价值观的同时，使员工成为故事主角。员工每天都在做抉择，决定是否要额外努力，为客户、顾客、同事或甚至是当地社区做点不同的贡献。这些则是你需要谈论的主人公——甚至需要更频繁地谈论。

关于质量的故事

寻找那些能够展现员工在生产产品时额外加班的故事，或是为研发某一服务开展了多少研究的故事。

利益相关者益处的故事

用顾客的声音来描述你的产品的益处——或是某一产品如何给许多顾客带来许多方面的益处。这将是需要开拓的最丰富的领域。作为领导者，你需要知道大量这类的故事（请见第 6 章节，以获得更多细节）。

“你是谁”型故事

思考自己事业中的重大经历，那些塑造了你信仰以及影响你现今决策方式的经历。将这些转换为你能讲述的故事。这些故事不仅能够反映关于你的一些事情，同样可以经由这些故事来分享知识以及你自己的价值观。你越能以谦逊的方式讲述这类故事，员工便越能与你建立联系。

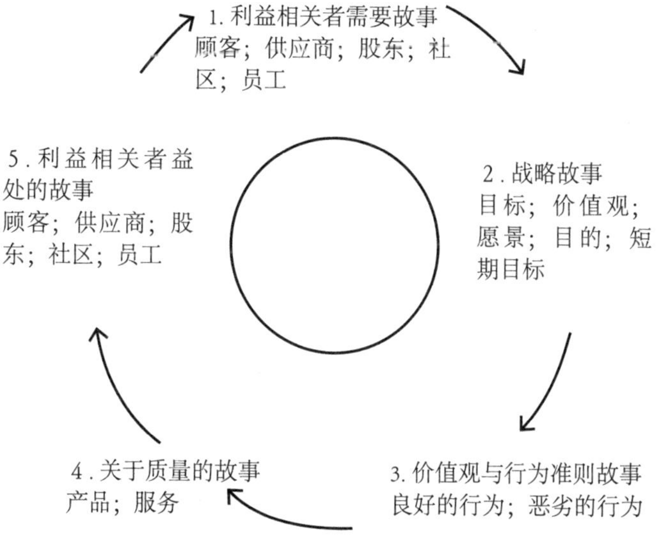

图 11.2　何处寻找故事

改变的故事

几乎所有我知道的团队管理者都经历过我称之为改变的故事。这类故事旨在用于改变团队的文化，例如前面提到的“史蒂夫的故事”。通过这类故事，团队成员会突然认识到自己行为的影响，继而导致对团队提出新要求或是改变团队中的行为规范。

这类故事可以来自上述六种来源的任何一种，但会被经常重复，并且会以一致的方式进行运用从而使团队中的各个地方都形成同一观点。这类故事的不同点仅在于领导者会到处重复讲述同样的故事以确保一致性与普遍性。

如何讲好故事

首先，真心喜爱自己所讲的故事则能对讲好故事大有帮助。当你喜爱自己的故事，便能运用自己的嗓音、手势、面部表情等使听众很自然地进入你的故事之中。你讲述得越形象，你的故事便会越生动有趣。在讲述我赶火车的故事时，我模拟了将手帕按压在手臂上止血的动作，以及擦拭汗涔涔的额头，或是提着实际上并不存在的很重的公文包。

要懂得运用描述性的表述来吸引感官——视觉、听觉、味觉上的感受均能使故事更加丰富。

要与听众进行眼神交流，并表明你在意他们是否明白你的故事，尤其是一些妙语。

巧用停顿来营造戏剧性的效果。这需要练习，但会大大提高故事的质量，尤其是一些有趣的妙语的效果。

不要急于蹦出结尾警语，娓娓道来，但也不要过于冗长。另外，要记住悬念是吸引听众注意力到最后的关键所在——你能否以结尾不可预测的方式讲述故事？

千万不要以告诉听众他们应该怎么想来开始一个故事。我十分讨厌有人在故事开始时说："你们一定会喜欢这个故事的！"我要是不喜欢呢？由于你对我怀有这种我可能实现不了的期待，这样导致我会产生压力，无法放松。这是我所不需要的干扰因素。

切忌无聊的表述以及过度强调。若对每件事情都进行强调，那么等于没有重点。若采用令人生厌的表述，听众很快便会觉得无聊。

切记，一定要在登台前不断演练自己的故事。我在指导领导者讲故事这方面的内容时，都会坚持让他们将一个故事讲述三到四遍。我们会一起将故事进行精炼，直到他们能够运用自己的特点简明扼要地讲述故事。接下来，我会让他们在镜子前练习讲故事以便确保他们能够运用面部表情并使自己的故事更加生动。一般只有在练习了二十多遍后，我才会让他们上台讲。当你对企业中的不同人群讲故事时也是如此。熟能生巧。当你听到人们对故事的某些部分作出反应时，你会学着将其润色，甚至——有时——会修饰整个故事以便达到最佳效果。切忌编撰不真实的故事，但些许的修饰却能够给你所需的调剂。

何时应克制

有时你就是会知道自己的听众并不需要故事。当首席执行官询问今年接下来的相关预期时，他需要的是基于事实的预测，而不是一个可能只会惹恼他的故事。我可能会选择恰当的时机来讲述如何签下新合同的故事，以便使其赞成对拥有和赢得合同的员工同样技能的员工予以更多投入，但我绝对会对时机进行判断。

在自己或故事准备好前便讲了这个故事则是最大的失误。没有什么比开始一个故事后支支吾吾、失去气势继而流失观众更为糟糕的情况了。即便你知道脑海中冒出的这个故事格外合适，但若未经练习，我的建议还是要克制。

有时我会在将某个故事在公共场合讲述之前讲述多次，仅仅是为了检测人们的反应。我想要在正式运用某一故事之前了解人们对它的反应。

可能你会觉得我的表述有点不合逻辑，但并非如此。很多时候，图表、数据、流程图等会更为适宜。归根结底，便是要了解你的听众，了解他们的需求，了解达到自己目的的最佳方案。

叙述还是故事？

我认为故事与叙述之间存在一定不同。叙述是将一系列故事按照时间顺序放在一起从而产生一定语境与含义，这是相关事件的描述，使你能够讲述更大更具战略性的故事。

叙述需要解释企业背景、你的愿景、使命、战略性目标从而营造更广的语境，使故事个体更富含义（见图 11.3）。

从这一角度来看，故事则与意义更深刻的单独事件相关，尤其是将其置于整个叙述语境中来看待时更是如此。

维塔利·韦斯利耶夫（Vitaly Vasiliev）是高兹普罗姆营销贸易公司（GM&T）的首席执行官，该公司是全球最大天然气厂商俄罗斯天然气公司（OAO Gazprom）的全资子公司。GM&T 的主要业务便是对能源产品进行贸易，包括天然气，电力，液化天然气，液化石油气，石油，以及英国、欧洲大陆、美国、亚洲以及其他能源市场的碳排放配额。该公司还涉及轮船的租赁与转租，作为集团航运物流业务的一部分。

GM&T 连续十多年实现增长，从伦敦的一间只有几个员工的小办公室发展成为现今真正的全球大公司。这一发展相当迅猛，因此维塔利及其领导团队也面临着可观的挑战。

其中一大挑战便是招聘员工，并使其适应进口公司的文化及企业规划。为实现这一目的，维塔利决定在员工的协助下撰写一本书，来说明公司的历

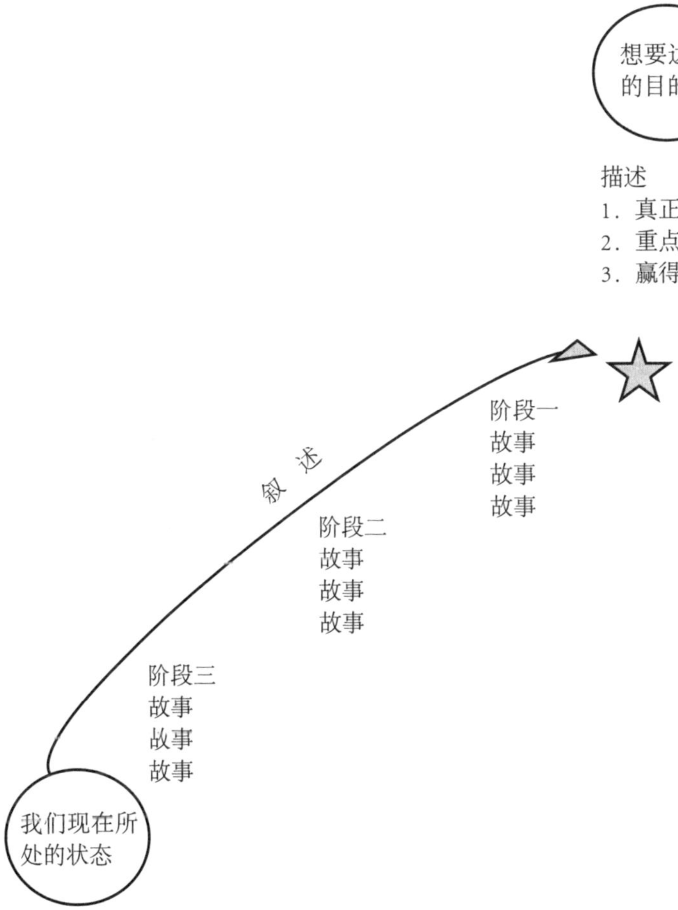

图 11.3　叙述 vs 故事

史、文化及战略。

书名为《成功的能量》（*The Energy to Succeed*）。这本书旨在让人迅速生动地了解现今的 GM&T。如维塔利所说，它的目的在于“帮助员工真实地了解公司的过去、未来，以及要实现目标需要采取的行动”。他解释道：

“我们决定可以让整个公司的员工来讲述关于我们的发展历程、他们对公司文化的看法，以及对我们这一独特的多文化全球企业的看法……我们希望每个人都能参与进来，共同创造这一富有价值的工具，来解释我们当前在全球的重要角色，说明能源对于我们所有客户的成功而言是多么重要的因素，说明为什么我们要以更灵活更创新的方式来提供能源。”

这本书一共109页，描述了公司的真北、战略优先任务以及所有顾客的重要需求，并提供了平台让员工们可以畅谈公司的价值观，用故事和案例展现文化对效率的影响。这确实是一本公司的叙述，由员工向员工讲述的许多不同故事构成。

讲故事如何改变团队管理

这个故事是关于处于危机中的团队管理者发现真诚讲述故事能够赢得“情感优势”，从而激发此前缺失的动机、信服以及信仰。

汉娜是一家国际制造集团公司伦敦处首席执行官。这家公司最初的员工均为英国男性，但汉娜则是长于中东的欧洲人。尽管如此，她晋升很快；汉娜并不符合公司职工的原型，但却获得了成功，原因就在于她十分奋进，注重营利，并且总是极度关注结果。简而言之，她能够带来成果。

当母公司大幅改变其商业模式，将大量制造业转移至曾经只从中获取原材料的发展中国家。汉娜授命在极短的时间内从伦敦推进这一改变，并且需要同时裁减伦敦办事处的员工。这是项艰巨的任务。“我需要员工进行这一繁忙重要的工作，但他们都知道，若成功完成工作，基本上等于使自己失业了。”

我抵达该公司时，我发现汉娜的员工都明白这个项目；他们明白这是理智的工作。但从高层管理人员到基层员工，他们之间都是离散的，他们对未来感到困惑并且害怕。汉娜需要使“员工”辅助某种结果——即在这种相对的境况下自主地努力——但她以往对结果的关注却无法建立联系。于是这项工作又陷入停滞状态。她的员工需要的不仅如此。

当我们对汉娜的优势进行探讨时获得了重要发现。“自我还小的时候开始，公平就十分重要，但我从未将其与商业真正联系起来。我总是认为私人的朋友与公司中的同事不同。”汉娜的这种“分裂人格”对她而言是种新的发现：

“随着事情不断进展，我突然发现不能将人进行分离。因为即便运用我所奉行的营利主义的各条原则，在每天结束时我会发现自己所选择在商业中做的事基本上都是去做正确的事——给予比自己所获得的更好的东西，这样更公平。”

我向汉娜展示她的这两种“自我”其实是可以共存的。自她真正认为公司是在做“正确的事”之后，她便能将其优势运用于公司的需求，并产生了有力的契合。这对她的沟通风格产生了极大的影响。“我开始与员工们分享。故事还是一样——我们之所以会做某件事是因为这样更能营利，同时也是因为这是正确的事：这些资源属于这些国家。但是我与员工的相处方式则变得更具人情。”

汉娜会开始更多地倾听他人，并运用更多故事来进行赞美及鼓励：

“我会采用公司中其他员工的各种故事。许多关于员工正直的表现以及遵守价值观的行为方面的案例，有些只是小事，但却能够展现出人性化的一面。有些故事是我之前多次听说的，还有些是因为与员工沟通多了便听到得更多。”

汉娜发现自己这种采用故事的新方法产生了可观的结果：

之前我会更加讲求实效，但花时间与员工谈论除“我想告诉你的是一二三点”这类之外的事情能够使员工们对未来展望更为买账。我发现员工与这一改变建立了联系，他们与故事产生共鸣，更能跳出局限来看待问题并进行考虑。之前，总是“我们需要做这个，但我只会去做自己必须做的事，仅此而已，但现在他们会真的愿意去尝试寻找更好更创新的解决方案。”

赢得这一“情感优势”能够给汉娜公司的各个级别带来益处。她的员工受到了鼓舞，高层管理人员则参与进来确保最佳的改变管理。现在每个人都能够回答这一不可避免的问题“这对我来说有什么好处？”

“我使大家能够更有动力，更加努力并且更脚踏实地，愿意从‘我会丢掉工作’这种看法转向‘我该如何做到最好’。这是种自豪感——员工们对其所做的事情感到自豪。这样可以使生活变得更加美好。”

对于汉娜来说也有直接的好处：

“我们设有公司沟通部门，此前我总是会无精打采地叫停活动。但现在我会花费更多时间与精力用于沟通。无论是在主持董事会，与部长及主席会面，或是与消费者及员工谈话时，我会更加注重细节及小事。这个对自己坦诚以及讲述更多故事的过程使我能够更自信地去做自己所做的事情：这是一个挑战，而我热爱挑战。”

故事是信息的超强黏合剂

一个讲故事的团队是个健康发展的团队。故事是传达信息极为有效的方式，是信息的超强黏合剂。好的故事自己有脚，能传递到很远的地方；它们能够定义你或你所在的团队，须谨慎挑选，并总是确保它们能够反映你的观点。

CHAPTER 4

第四部分

对外说服

12 运用强有力的观点来支撑你

如何建立具有说服力的观点以赢得伙伴并影响他人？

在这个透明的世界，你的立场至关重要。因此，杰出的管理者总能拥有强有力的观点来影响他人并赢得当下。但如何选择正确的观点？如何使其更具影响力？让我们来看看形成有力观点的四大要素。

领导力即说服，这是领导力的关键事实。每天，我们都需要说服他人相信我们所从事的事业，相信我们所看到的未来。

为实现这一未来远景，我们需要说服团队成员以更聪明、更迅捷、更有效的方式开展工作、追求目标。我们需要劝说投资人增加对我们的投资，需要找到方法来劝说顾客购买我们的产品或服务。我们需要劝说我们的老板给予我们更多资源或允许我们展开某一项目。我们需要劝说同事进行合作。这个列表可以无限延长下去。

要使人信服，便需要让他人理解我们的世界观、信念以及我们的建议可带来的益处。他们需要感受到我们的激情与信念的力量。若无有力的观点，要说服他人便极为困难，尤其是在对计划持有不同观点或强烈反对意见的情况下更是如此。讲故事绝对有助于这一过程，但要使其发挥最大作用，所讲的故事则需要源于有力的观点并服务于该观点。

但是，什么是有力的观点？它与看法有何不同？要形成有力的观点需要哪些要素？如何加强自己的观点，使其更具说服力？

什么是观点？

首先，我们来看看什么是观点。经常会有人问我观点（point of view，POV）与看法（opinion）之间有什么差别。采用观点这一表述时，我脑海里会有十分明确的含义，并会有相应公式。

词典中，“观点”指的是“看待事物的方式；态度；观察或考虑某事的立场；立场”。

“看法”在词典中的释义为“关于某事形成的判断，并不一定要基于事实或知识”。

正是如此。对我而言，观点与看法根本不同。你的观点不会过多发生变化——因为它是基于你所相信的事物，基于你准备支持的事物，基于从你自己的立场形成的世界观。一般来说，你所处的领导位置以及你的基本信念与价值观在一段时间内会保持一致。而看法则会发生改变，因为看法通常更多的是你对某一主题当下的理解——这些会随着获得信息及见识的增加而发生改变。

你要保持自己的观点，尤其当你的观点与批评者及诽谤者的观点相左时更是如此。之后我们会在本章中解释为什么这点很重要，以及这促使你成功的方法及原因。同时，我们也会讨论观点如何促进思想领导，及其重要的原因。

观点的定义中，关键的一部分为“态度”。态度在词典中解释为“包含信念、感觉、价值观及特定行为方式的复杂精神导向”。观点应该包括所有的这些要点。它应该是你的想法以及世界观的表达，应表现出信念影响下你的日常行为模式，应表达重要的事情，并且应号召他人按照你认为必需的方式采取行动。

从本质上来看，观点是你的主张的表达，而在这个极度透明、互联、人人均可表达自己观点的世界，拥有自己的观点并将其公之于众变得越来越重要。

“大众受众”不复存在；与之相对，我们面对的通常是少数群体中的大多数人，需要应对的利基利益数量也日益增加。例如，快餐产业链需要应对肥胖群体、健康群体、反垃圾生活方式群体、农民群体、消费者群体等等。由于问题会在成千上万不同的辩论中进行争论并且时刻以极端的方式进行讨论，因此中庸的共识已不可能实现。你的行为会毁誉参半，你我在中间会广泛地听到相对的观点——极端观点的对峙。

我最爱引用的一句话来自迈克·艾斯勒，美国娱乐界的领军人物，曾任迪士尼公司CEO长达10年。他曾说道：“最优秀的领导者总是具有有力的观点。让我惊叹的是，能够影响群众并获得胜利的人通常就是这些具有强有力观点的人。”

这是关键点。你需要事先就对自己重要的事物形成观点，而不能仓促而就。一旦拥有了观点，就好像携带着上了膛的枪。可能不一定需要，但一旦需要，枪已备好，可随时射向目标。

仅需要一个观点，还是多个？

我认为你需要一个最主要的观点——这个观点能够说明你的目标，以及你对与目标相关的重要事项的观点。主要观点解释你作为企业、慈善机构或公共领域机构领导者存在的理由。

本书前文中，我提出了元观点。为免忘记，特作提醒：“我相信领导力。我认为在现代工作环境中，领导力的价值被低估、不被认可，并且被过分苛责了。但是，杰出的领导者能够为他人的生活带来极大影响。他们可以营造良好的工作环境，促进团队发展壮大，并且可以改变我们的命运。杰出的领导者能够确保国家的富强，并为成千上万人带来积极影响。我们需要激发并释放每个人身上所具有的负责且富激励性的领导能力。”

“由于这一信念，我致力于帮助团队管理者成为更好更能激励人的沟通者从而使他们成为更高效的领导者。我会进行一对一指导、培训，并撰写对世界各地的领导者有益的书籍。我希望能够通过这样为更多人带来改变，不仅使领导者更能激励人心，同时使我所帮助的领导者们的追随者也能够从中受益。”

“每位团队管理者或有志成为领导者的人都能够成为一名鼓舞人心的领导者。他们只是需要学习何为真正的鼓舞人心，并摒弃此前对这点所存在的先入之见。”

这一观点中有四大要素，稍后我会一一说明。

想必你已清楚我对有效领导力沟通所持有的另外十二个观点——即第 3 章节中的十二条原则。这些观点的支持依据则是我所依循的人生价值观以及它们与领导力之间的关系。这些都可以称为观点。

对于可能影响你的企业或顾客的关键问题，你也需要具有观点。

这些观点都应该是独立的。你需要多少观点则取决于你所处的境况。一旦形成根本观点，你便更易形成相关的看法，运用我所提出的公式，我们会在稍后的 G4S 全球安保公司的例了中看到这点。

需要具备有力观点的另一原因则在于，若缺乏有力观点，则会带来负面影响。

缺乏观点的负面影响

我认识的许多领导者都存在形象温吞、高不可攀以及缺乏领导能力的风险。他们倾向于通过对每个事件保持沉默以免引人注意的方式来保持自己至少在公共场合无害不招人厌的形象。但他们未能意识到，比起引人争议，缺乏观点可能会带来更大的负面影响。

缺乏观点的领导者很难受人尊重。领导力通常意味着需要对自己相信的事情表明立场，使他人投身到你的事业之中，并让他们以不同的方式进行思考与行动。

缺乏立场便会导致指示不明，缺乏方向，或使员工无法决策。这会造成高度的模糊性，而这种模糊性可能会毁了整个团队。员工对不愿清楚表明立场的领导者会缺乏信心，他们会把时间都花在猜测领导者究竟想要什么。

表明立场但却保留情感上的付出也同样让人困惑。在理智上赞同某事，但情感上却表现得不坦诚、不真诚，甚至并不热衷。若你自己都不能表现出所需的热诚，那么其他人又何必费这个工夫呢？一个观点，若缺乏富有有形价值观的激情，那么这一观点便是无效的观点。

当看到某人清晰表明自己的观点，并以强有力的逻辑辩论以及富有激情的信念为支撑，你会发现结果会相当惊人。这就是实践的领导力。

有力观点的四大要素

比起五年前，现在的员工对于领导者的动机、决断以及能力的信任度均有所下滑。他们看了太多失败、媒体的批评，以及对无良利益的露骨的关注，听说了太多关于利于企业及其发展、利于团队却不利于公众相关方面的逻辑辩论，但却很少听到好的领导者应如何对社会做贡献，因此他们开始认为大多数领导者仅关注自我激励，不值得信任。

赢得信任是有效领导的必要，但员工不会信任他们自己了解的人。要使员工对你的事业有信心，你需要让他们更了解你、了解你的信念、你的立场，以及你的世界观。在我看来，这点是最重要的。没错，你需要逻辑及事实依据，但在当今这个透明且严苛的世界，你更需要激情与坚定的信念。

因此，表达你的信念是形成可信观点的关键组成部分。

谈论自己的信念是件好事，但若员工觉得你只是停留在口头，那么他们仍会对其持怀疑态度。你还需要用行动去说服他们。你并不总有时间来向员工看到自己不是仅说说而已，因此你需要向他们提供自己行为的证明，并将这些行为与你的信念建立联系。

你的行为需要连同自己的信念一起在有效的观点中进行表达。

所有的行为均会带来结果，因此若想要员工投身于你的事业，你的行为需要能带来益处。你需要解释自己的信念如何引导自己的行为，而自己的行为如何带来益处——尤其是对目标受众的益处。

若能够有力且简明地表达这些要素，你便已具备强力的观点——但现在你还需要一个要素：号召行动。毕竟，表达自己观点的理由在于使员工投身于你的事业并影响他们的行为。除非你明确表明你所希望的行为，否则他们怎么会知道要做什么？

公式？

POV=BBBA （Belief, Behavior, Benefit, Action）

观点 = 信念 + 行为 + 益处 + 行动 （见图 12.1）

图 12.1 观点

信念	基于自己的视角及经历的世界观
行为	因信仰而做的事情
益处	利益相关者从你的行为中获得的益处
行动	你希望利益相关者因此而去做的事

这意味着明确自己的想法，明确在自己职位上的世界观，自己认为会带来的结果，这些信念如何引导你自己（或自己所在的团队）的行为，随之产生的益处，以及你认为其他人应采取的行为。

强有力的观点是激励型领导最重要的工具。如我之前所说，领导力经常是关于确定立场。这意味着要勇于讲出自己的信念并劝导他人投身于你的事业，从而来改变他们的行为。

讲出自己的信念能够让你的追随者明白你有道德指南，是值得信赖的。这能够给予他们信心去追随你。作为领导者，你需要多次站出来表达自己的观点。强有力的观点能够促生信任：它能向员工展示你的情况，并让他们跟随你。

思考形成自己观点的领导者太少，但是清晰表达观点能够帮助你赢得伙伴、影响他人，并在塑造未来方法具备更有效的发言权。一旦拥有，观点就能得到释放：你可以在各种场合使用，并且你会主动寻找场合去使用它们。领导者应该更频繁地以透明、坚定以及充满激情的方式谈论重要的问题。要形成个人品牌，决定自己领导力性质、领导的对象以及需要战胜的目标，观点则是不可分割的组成部分。

这是其他人所寻求的目标，也是他们听你讲话的理由。

实践的观点

让我们用 BBBA 公式来解构一下观点。你现在应该已熟悉我的人生使命——但我的使命如何在观点中体现呢？事实是，这就是一个观点。我们来看看它的构成。

* 信念：我相信领导力。我认为在现代工作环境中，领导力被低估并且过度批判。优秀的领导者可以为人们的生活带来极大的影响。他们能够创造更好的工作环境，帮助团队发展壮大，并且可以改变我们的命运。优秀的领导者可以保障国家的富裕，并为成千上百的人带来积极的影响。我们需要激发并释放每个人内在的负责且鼓舞人心的领导者。

* 行为：鉴于这一信念，我致力于通过帮助领导者成为更优秀更激励人心的沟通者来使他们成为更有效的领导者。我所采取的方式为一对一指导、咨询与培训，以及撰写书籍来帮助世界各地的领导者。

* 益处：通过这样做，我希望能够影响成千上万的人，除了使领导者变得更具激励性，还希望能够给我所帮助的领导者的追随者们带来不同。

* 行动：每一位领导者或有志成为领导者的人内在都希望成为一名鼓舞人心的领导者。他们只需要学习什么是真正的鼓舞人心，并摒弃以前对激励型领导的先入之见。

让我再举另一个例子。第 4 章中，我讲述了成为更好的自己的重要性，并且列举了自己的个人价值观。其中一点，便是好奇心。那么这一价值观如何在观点中呈现呢？

* 信念：我认为只有每天学习才是真的活着。

* 行为：这意味着我每天需要花时间去学习新的事物，放任自己的好奇心，尤其是对别人的好奇。若有问题，无论它听起来多傻，我从来不会置之不理。

* 益处：我从中获得了意料之外的机会、新的关系、新的看法、持久的乐趣，以及可能更睿智的世界观。我发现由于我在不断发现机会并创造联系，我比起大多数人会更幸运。

* 行动：我觉得你需要学习释放自己的好奇，更多地提问，并花更多时间来为脑海中那个的问题寻求答案。你会发现自己也会遇到意外的收获。

抛开信念、行为、益处、行动的架构，观点便是一个简洁连贯的故事。它能够吸引注意，引发人们思考，并且敦促他们改变行为。

解构公司观点

接下来，我们来看看我之前一位客户的观点。G4S 是一家全球安保服务公司（原 Group 4 Securicor）。这家公司总部位于英国克劳利，是全球最大的安保公司。该公司业务遍及全球 120 多个国家，员工人数达 62 万余人。（它是全球最大的私营雇主）在英国 2012 年奥林匹克运动会期间，该公司由于比赛现场安保人员短缺问题而声誉受损。尽管如此，G4S 在同业中仍为极其成功的国际安保外包公司。

在发生上述奥运会赛场事件后，我们根据明确的使命为 G4S 制定了强有力的观点。当时，该公司是全球最大的公司，但知名度却很低。人们随处可见身着 G4S 制服的人，但却只会认为他们是“保安”。但这家公司的业务范围却不只是进行安保，同时也会为具有重大威胁的安全危机情况提供解决方案。当时，人们并不十分了解 G4S 为何对他们而言十分重要。公司将其使命定位为：“保障你的世界”。但这到底是什么意思，又为何重要？

答案很简单：因为大家的福利与繁荣取决于拥有安全有保障的工作生活环境。因此，G4S 扮演着十分重要的社会角色。

另外，人们将安全与风险管理视为成本，视为不受欢迎的需要，而并未将其视为价值——增加收益的服务——因此很多公司客户会将这块的支出压到最低，对相应服务的购买也会进行分离，并仅购买最低标准。很少有公司意识到一个更全面整合的安保方案所能带来的潜在益处。因此我们需要让向公司客户的高层传达对安保的认知，让他们参与进来。强有力的观点还需要：

* 促进各层级关系的提高，但逐渐偏重高层关系以及客户方面的关系；
* 促使他人将 G4S 视为客户的“重要”伙伴；
* 实现具有竞争力的分化；
* 将会面转变为销售机会。

经过彻底的研究、几次研讨会并最终获得领导团队的认可后，G4S 的 POV 如下：

* 信念：我们的福祉与繁荣需要一个安全有保障的环境才能实现。但不幸的是，当今世界危机不断增加，我们甚至需要更加重视安全挑战。然而，

当我们关注这方面时，大多数人都会关注它的负面。在 G4S，我们相信每一个安全挑战都潜藏着机会，让我们可以释放潜藏的利益，帮助我们繁荣壮大。

* 行为：为客户带来更多利益的关键在于始终从更长远出发并考虑可以转为绩效的解决方案。为实现这点，我们提供世界级的项目管理，具备专业级的后勤与技术，并管理全球最大的安保团队以及通过为全球 120 多个国家的不同管理环境提供安保方案所积累的知识。通过这样，我们为政府及企业提供的整体大于分部之和的安保方案。

* 益处：能够从整体角度看待安保挑战的客户能够更有效地保护重要资产，产生额外的收益，降低成本，并且能够为其服务对象提供更好的体验。

* 行动：认识到最安全最有利的解决方案源自对整体问题以及各部分之间相依性的理解。让我们来帮助你找到隐藏在安保挑战背后的机遇。

这一元观点随后被转为市场部的观点以及各市场具体的客户领域。公司的公关主管黛比·沃克巡视了公司的市场，并指导各处高管如何运用 POV，如何以其为基础进行故事讲述，以及如何使 POV 适用于具体的情境。她认为：

"我们公司的信心，以及与客户有效沟通的能力都得到了极大改变。当员工认识到自己关注优先谈论客户的问题，这使得他们能更有信心来建立高层的联系。这使我们感到自豪并且与众不同……"

"真正的益处在于根据客户具体制定 POV 或是解释我们与市场如何相关的能力。它使我们的销售团队能够与客户更多地谈论他们的需求，而这也将随之转化为销售。同时，这也促进了我们与其他重要的利益相关者之间的联系，而这对他们而言十分有意义。"

将观点转为推销言辞

下面例子讲述了黛比与团队如何为在基于公司 POV 的基础上运用第 11

章中列出的问题——解决方案——益处的思路来为医院的首席执行官们建立强有力的 POV。

我们坚持让他们采用以下结构：

* 客户的问题是什么？阐述不作为的负面成本。将其转化为明确的需求。（问题）

* G4S 提供的解决方案是什么？有什么特征与优势？（解决方案）

* 有何益处？（由 G4S 的顾客说明）（益处）

是否有第三方验证？实际结果与数字能否使用？设置场景。

要始终运用这句说辞：化挑战为机遇。

而他们是这样将其转化为医院的机会的。通过了解更长远的发展以及客户的高水平需求，并将其与 G4S 的 POV 建立联系，使得他们得以将对话上升到董事会层级的决策者：

* 挑战？（他们不喜欢用问题这一表述。）对医疗保健领域来说，工作中遇到的暴力事件是十分严重的职业危害。而人力成本——生理／心理上的疼痛——会造成金钱上的实际成本。员工及病人的安全存在问题的话则会危害医院的生产力与声誉。若存在问题，那么医院自身的可持续发展就会受到质疑。但是制止暴力冲突行为的措施则必须应对问题的根本原因：预防，而不是引发。并且，这些措施必须平衡医院的运营要求，并妥当关怀医院里的病人。

* 解决方案？ G4S 清楚暴力冲突管理包括在关键触点上的各项行动；而不仅仅是安保。减少暴力事件的措施要根据良好的风险评估来明确“事件触发因素”——这是恐惧、焦虑、挫败感、医疗条件、毒品或酒精等个人因素或场景因素的复杂组合。这些均与不断提高的患者期望值相冲突。员工应接受专门的培训来应对这些触发因素并鼓励进行汇报——运用现有的有效机制

与流程来确保相关学习。受到暴力事件影响的人应有足够的渠道来获得如咨询及更好地应对后果等方面的支持。这是源自经验的更全面的一种方式。

没错——这部分主要说明，要应对问题，光是纸上谈兵的简单安保方案远远不够；而是需要更综合的方法。

* 益处？暴力事件减少 20%，侵害影响降低 10%，这可以使其位列最安全的医院的行列。对员工而言，一个更安全的环境能够提高他们的信心与士气，降低职业压力，增强处理手头工作的能力。对于患者和来访者而言，采取行动减少挫败的来源则意味着提升看护水平以及困难时期的安心感。对于医院自身而言，生产力达到最佳，赔偿投诉减少，员工旷工率降低，人员更替成本减少，人员留存率提高，这些都能创造更好的盈利，以及更良好的声誉。

没错。这边使对话转移到医院的未来可持续性——CEO 而非采购部门或是安保主任的主要关注点。

* 号召行动？改善健康安全风险管理对于动态的医疗领域至关重要。通过关注每个挑战背后的机遇，并且从长远角度出发，我们所提供的方案将能实现比各部分之和更大的效益——确保员工们应得的安全有保障的工作环境，确保公众所期待的服务以及利益相关者所需要的绩效成果。让我们帮助你发现安保挑战背后的机遇吧。

联系我们——我们将助你满足你需要负责的所有对象的需求。

从这个例子中可以看出，观点、讲故事、有力的对话三者相互联系。从观点中，G4S 可以形成更有说服力的故事，从而促进与预期客户的高层级对话。观点也具有其他助益。例如，表达观点能够更加明确使命感。

观点如何加强公共领域团队的使命

艾迪·莫兰德是德比郡巴克斯顿附近的健康安全实验室（HSL）的CEO。HSL是英国健康安全部下属的机构，是全球先进的健康与安全研究及事件调查中心。无论是火车相撞、爆炸，抑或是尝试了解事故的根本起因，HSL在侦查工作方面等同于犯罪现场调查。然而，为了能够在政府资助减少的情况下继续履行自己的使命（如其他公共组织一样），艾迪以及HSL的领导者们决定努力向私营领域争取业务。

但是，如何表述它的使命才能使其对商业领域更具吸引力，而不会被当作是生意场上会令人后悔的支出呢？

我们运用BBBA方法便完成了这点。在与领导团队共事后，我们发现他们所强烈持有的信念是英国的幸福与繁荣取决于能够在安全健康的环境中取得进步。但令人悲伤的是，太多人将健康与安全视为进步的阻碍。而在HSL，他们则相信学习健康与安全经验可以使个人、团队以及国家获得可持续的发展，造福全民。

他们的科学方法、知识及经验帮助他们理解人、工厂，以及流程之间的复杂互动。而他们无与伦比的科学才华与突出的实验室设施以及与监管者之间的亲近关系都使他们能够为客户提供纯熟实用的方案，从而造福员工、雇主，以及社会。（行为）

接受了他们建议的团队通过减少人与工厂的停工期提高了可预测性，从而加快了投资回报，并增加了盈利。同时，他们营造了一个更好的工作环境，从而使员工更加努力，声誉得到提高。（益处）

他们对于行动的号召则是让领导者认可在健康与安全方面从符合变成优秀带来的益处能够直接并积极地对公司结果产生影响。他们希望健康安全方面的决策者能够与他们一起将企业及团队打造得更好。

他们现在的网站首页上自豪地挂着：“促进更适宜工作地英国”。这一表述收效极佳，因为它与内部及外部各个层级的听众建立联系，无论他们是工人、雇主、企业家、股东、公共组织或是监管者。这个标语就是他们观点中最为突出的表达。

观点如何促进思维领导力项目

作为团队领导者，团队成员都在看着、听着、等着——你需要说些什么？若具备有力观点但却未能广泛传播，那意义不大。将自己的观点转为思维领导力——通过思考片段、研究学习——可以是执行领导力的有效方法——对你，对你领导的公司或团队均是如此。

为什么？因为在自己网站上、在会议或其他发言场合、在媒体或其他能想到的平台上传达的思考型领导力能够有助于：

* 争取业务；
* 提升品牌知名度；
* 赢得支持者；
* 被更好地理解；
* 建立个人风格；
* 吸引志同道合的人；
* 影响你所服务的市场；
* 塑造管理环境；
* 引导公众甚至全国性的争论；
* 使员工成为你的支持者；
* 提高辨识度；
* 被视为领导者。

那么何乐而不为呢？

有了强有力的观点，你所需要做的就是将其扩至陈述、演讲及文章中。当你的观点富有激情，那么你吸引媒体的可能性越高，因为媒体喜爱具有强烈观点的人。这是更佳的选择。你也会受邀进行演讲，因此你将出现在更多的平台并被报道。即便你只是在博客中表达自己的观点，若观点强烈且有趣，你也更易吸引追随者。

要在这个严苛的媒体环境中获得成功，你需要确保自己的观点对自己的关键受众而言具有吸引力，必须要以他们的语言进行表达，与他们的日程建立联系，并且要基于对他们的问题的理解。若你也能传达对他们有形的益处，那么便能取得胜利，真正地脱颖而出。

观点如何助你应对严苛的媒体环境

最近我与一非政府机构的首席执行官谈话，她对自己在一次电视辩论上的表现以及所表达的观点是否恰当并令人信服产生了质疑。但事实上，她的担心并无必要；在辩论中，诚实且强有力地表达自己的观点比细节表达是否突出更为重要。关键在于领导者在生活中的每次实践都应具有观点——这确实是对他们的要求。除非你有要说的事情——并且说出来，否则无论在哪儿都无法领导他人。

许多我采访过的人在被要求提供观点之前便谈论了对问题具有观点的重要性。皇家邮政集团首席执行官莫亚·格林尼表示："在这个透明的世界中做领导者是件十分困难的事。媒体有时会相当严酷，并且会无视真相。无论你是与媒体对话还是在公开场合发表言论，在别人问你之前，你就需要从自己的角度形成对某个问题的想法。

在热烈的讨论中，你没有时间去考虑形成自己的观点。因此必须事前便完成。在学校的时候，若没吃透书便去考试是件十分有勇无谋的事。而公开发表言论时，你需要确保自己对问题进行了预测，不要把自己陷入需要紧迫地寻找答案来支持自己的立场的局面。你需要事先梳理所有情况。

我对话过的所有领导者都深刻意识到现代媒体环境对他们的要求。他们评价说自己似乎总是要处于防御状态，并且需要找寻更多方式来站稳脚跟。他们知道自己需要找到更多与顾客、股东及其他利益相关者的共鸣点，并告知相关事项以便他们能够更好地理解自己努力去做的事以及为什么他们需要得到支持。

媒体的工作即代表读者的利益——读者便是他们的选民，通过每天 / 周 / 月购买他们的刊物对其提供支持。这意味着如果他们认为你的行为不符合他们读者的利益，他们便会质疑你。因此，你的职责便在于形成与他们读者的需求明确一致的观点。你若能更好地从他们读者的观点来辩护自己的情况，便能获得更佳的反馈。

我们会听说许多关于拙劣的领导力、差劲的决策、错误及其后果的事件。但是若领导者自己不为自己发声，那么还有谁会维护他们呢？实际上，比起这些负面的信息，更多的优秀的决策及领导力的表现数不胜数。我们只不过并没有充分听说企业为什么会对社会有助益，或是激励型的领导者如何促进企业、公共领域及第三部门的发展，或是在这个充满不同观点及有失偏颇的言论的世界，领导力需要多么强大的信念与勇气。

实际上，众口难调。至少在这个人人都有观点，并且每个人都可以在博客或是社交媒体上发表观点并可被贪婪的现代媒体界进行引用的世界上无法实现这点。大多数记者现在似乎认为“平衡的辩论”是两个极端的接合，但我们都知道中间的阴影区才是真正的争论的所在地。

要赢得胜利，你需要确保能够满足自己的支持者，以及那些可能支持你的人，并为那些犹豫不决的人提供可信的说法——这些犹疑的人通常是真正的听众。我后面会说明，要说服反对者很难，因此试着说服他们很可能是浪费时间。

你需要专注于那些仍“能被争取”的人，并加强与你站在同一战线上的人，同时对批判者展现攻击性。这并不是说采取侵略性的行为，而是在尊重他们的观点的同时提出自己坚定的观点。这也能够使你去承认他们的观点，这样一来那些在关注着你的人便会觉得你是一个值得尊重但又有主见的人。

同等但相反的观点所具有的说服力

窍门在于必要时提出同等价值的不同观点，即影响力相同但完全相反的观点，从而来重构争论（见图 12.2）。我们所受到的攻讦通常都是因为批评者站在了道德制高点上对我们进行批判。这是最终的“观点”——基于道德制高点的观点！假如你想对自己进行维护，那么你看起来便会像是在自我保护。你将要与永远无法被说服的批评者进行争论。而那些可以被说服的尚未作出决定的人则会在这辩论中观察你，而他们将看到一个被牵着鼻子走的人，防御心强且反动，不确定接下来会发生什么并挣扎着想要引领辩论。

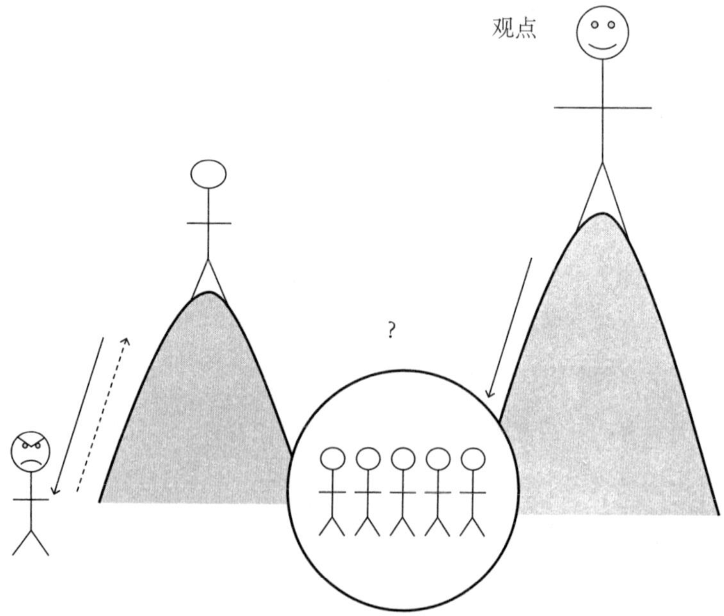

图 12.2　占领道德制高点

同等效力的相反观点

人们对事情含义的理解通常取决于情境——因此你需要掌控情境。要创造意义，不仅要根据辩论中提供的事实，同样也要根据围绕辩论的元素。要提供一个同等效力但相反的道德高地，你需要挑出与问题相关的核心价值观，然后将你的价值体系与其相连接。在这一道德框架中表述事实与问题，用一种方式定义“他人的论证”，并用另一种方式来定义自己的论证（“我们”与“他们”）。你可以运用能够使得赢得他人理智与情感上认可的道德权威来表达自己的观点。

为拜耳化学医药公司工作时，我经常不得不为公司的动物试验问题进行辩护。批判者会采用终极制高点，向大家展示兔子或其他家庭宠物留血泪的照片，然后走到街上请带小孩的母亲在反对动物试验的请愿上签字。有谁能够辩驳这种情况？有谁会认为为了不确定的收益而去折磨动物是件有趣的事？我就不会这么认为。并且基于这点，我会写方案去为其正名。在这种情况下，也没有什么有效的事实依据。

“我们每年仅使用 2000 只动物，并且都是严格遵守政府监管条件。”我或许会这样说。虽然这是事实，但问题这一事实可能带来可怕的反应。“什么？！你们每年对 2000 只动物做这种事？”简单来说，我输了。

因此，最好从一个不同的道德制高点来重构论据。不要面向动物权利活动家（记住，你永远不可能说服他们），面对带孩子的母亲，或许我们仍能说服她？说：“动物试验这一说法是一种可怕的想法，我同意。但是，你所看到的并非全是事实。做这些测试并不完全是我们的选择。政府依法要求我们在严格控制的人道主义条件下在动物身上进行药物测试（而不是这里展示的方法），并且理由十分充分。未经测试的药品可能会对人类造成致命的影响，因此我们必须尽己所能来预防这一情况的发生。在我们公司，我们相信自己的产品安全有效且具高质量。但若不进行测试，我们便无法实现这点。因此这是关于选择。你的选择！你更希望我们在动物身上进行试验，还是说给你的孩子提供未经测试可能存在致命风险的药物呢？你会希望我怎么做？”

事实、情感、象征

现在你已重新整理了自己的论证，要求完全不同的道德视角，并对你心中的听众直接进行呼吁。你并未与攻讦者进行争斗，但却掌控了整个讨论。在这个案例中，你和反方一样运用了事实、情感以及象征。你运用事实来加强自己观点的合法性，运用情绪来强化道德感，并运用垂死的亲人这一象征来从不同的角度进行讨论。

作为领导者，我们大多经常传达改变的信息，这通常会引发对改变的反对。员工会根据自己的价值观和立场来重组我们的论证，并经常会将其视为人身攻击。若我们具备清晰的观点、目标，并将核心价值观与目标明确建立联系，那么我们便占据重构讨论的有利位置。

我选择了一个极端的例子，但事实上，我们的论证通常不会太过两极分化。在这些情况中，若能表现出你对反方观点的理解与承认，同时坚持发表自己的观点，这会是一种十分有力的做法。不坚持“正确的”，你便能创造一个平台来进行建设性的辩论——并促进有力且正面的对话。不需要显示别人是错误的，你便能够在无须同意反方观点的情况下营造一种合作的氛围。

论证的三种类型，为何要坚持关于未来的争论。

在对某一观点进行争论时，你会发现自己可能处于以下三种类型。已发生的（例如调查某个事故），你的价值观（你是否支持动物测验、核武器等），或对未来的选择。这是修辞的三种类型。

当前，修辞学的名声不佳，通常会被用于那些空洞且虚伪的论证。但实际上，这是一个希腊词语，用于形容有效或具有说服力的言论或文字。希腊的修辞艺术认为论证有三种类型：法庭论证、演示论证、审议论证。

法律论证指的是运用事实或过去已经发生的事情进行论证。这种方式通常会运用于法庭案例之中，用于量责定罪。

演示论证则是关于当前——根据自己的价值观，你属于哪个阵营。到底是好还是坏，英雄还是懦夫，同伴还是敌人？现今则更多是关于你代表哪个利益群体。

审议型演讲的主要目的则在于鼓舞人们在未来采取行动——将对社会产生影响的新法或新政策。

可以说这三种修辞类型是与过去、现在、未来相关。作为领导者，你则是要着眼未来。因此你想要支持的大多都是审议型的论证。注意在带孩子的母亲以及具有争议的动物试验的案例中，我通过提出这是她所要做的选择而不是将时间花在争论反方提出的事实或价值观来将其引导入对未来的设想。

你也可能迅速陷入法庭论证而永远无法取得进展。除非你极具说服力，否则要对不同的价值观体系进行论证是件十分困难的事。而将讨论转移至对未来的选择则会更加容易。

在讨论招新业绩糟糕？那么迅速将讨论转移至：“我们应该采取什么措施来停止错误决策？”要应对不良的销售数据？“要前进并建立渠道，我们需要做什么？”这样可以防止辩论陷入僵局，并且使你能够传达自己的观点并更专注于那些能够帮助问题解决的积极选项。

总结

明确表明观点的目的在于将他人与你联合起来并使其能够影响他们的行为及信念。领导者必须清楚表明自己坚信的观点，这观点虽然可能并不能影响所有人，但至少应能影响“犹豫未决”的人（用政治术语来讲就是：独立选举人），并在反对的人脑海中洒下质疑的种子。实际上，以这种方式阐明想法的行为自身便是一种释放，并且具有自己的动态——这通常会从你激情与影响力的提升上反映出来。这也是领导者们被认为具有领导（及成功）的特质——他们强有力的观点能够帮助身边的人以他们认为对自己有价值且有回报的方式来采取行动。

观点能够赋予能量及自由，因为它们可以让你自信且富有激情地传达你的观点；确保你与自己的听众高度相关，并塑造你作为领导者的形象，因为它们与对你而言真正重要的事项及事业息息相关。

试试看——这具有影响力的东西。

13 赢得公众舆论：为什么要时刻为公众平台做好准备

对外代表自己的团队则需要完全不同的沟通技能体系。若无妥当准备，千万别这么做。要理解你谈话的对象以及他们需要听到的内容，知道自己的目标，将自己的声音与体态训练到最佳，并练习那些不可避免的难题的答案。以下是上台前要记住的7件事，以及使你的素材更具影响力的12个方法。

在团队中，你不仅需要激励自己的追随者，还要积极影响团队外的人群的观点及行为。为什么？简单来说，因为声誉越佳，便能取得越好的结果。若不想取得更好的结果，那么你便不会成为一名领导者。

当你的级别越高，你便需要更频繁地对外代表团队。问题在于，一旦出了自己所在的团队，你则需要一套完全不同的沟通技能。内部沟通中推崇的坦诚与不拘小节到了对外的平台后便需要予以控制。

我甚至可以说除非你能清楚地说明出席公众场合对团队的裨益，否则你实际上可以避免接受公众场合的出席要求。假如只是为了讨好自己，那么你便会陷入重大危机。

你需要绝对客观地评估自己需要出席公众平台的理由——无论是进行演讲或是接受媒体采访——一旦接受，你便需要努力尽量利用这样的机会。我指导过的大多数领导者在提到为演讲或媒体采访进行培训和演练时都会不以为然。不知怎么地，练习的这一想法已变成一种令人厌恶的事情，并且在团队运营中被排在了次要的位置。

但要记住的是——每次站在麦克风前，你需要承担风险的不仅是你自己的声誉，同样还有你所领导的团队的声誉。因此永远不要即兴发挥。训练与准备绝对重要。

无论是演讲、接受媒体采访，还是进行陈述，以下七条基本原则均可适用。

1. 明白自己的目标。

2. 让演讲或媒体采访成为你自己——真实的东西。

3. 为问题及答案做好细致准备，并不断练习讲稿至完美。

4. 确保自己声音有力，形象正面。

5. 选择关键主题并遵循这一主题。

6. 寻找方法使自己的材料更具影响力。

7. 重视并创新地运用那些用于说明自己观点的图片或图表。

明白自己的目标

重新回顾下本书第 8 章。每当你登台或是出现在媒体前，按照这样的规划流程开展：

* 你想要达到什么目标？
* 你需要影响的对象是谁？
* 你希望他们做什么，为什么他们应这样做？
* 他们现在的做法、想法、感受及行为是怎样的？
* 你可以讲述怎样的故事来阐述你的关键要点？
* 你的观点如何影响你将要说的内容，你如何将自己的信念与激情融入

自己所传达的信息中？

同个会议厅中的代表通常都会有共同利益——他们可能想要更多地了解你的专业知识及经验，这样他们可以从你说的话中学习。但是，你面对的也可能是更广泛的听众，有着各种不同的需求，这样一来，你就需要全面考虑自己可能需要应对的不同观点。

你可能会接受广播采访，并十分想要向政府、顾客或供应商传达某个信息。要记住，记者并非你的听众，他们所代表的人群才是你真正的谈话对象。为他们而安排自己的信息，不要让自己陷入记者的掌控之中。确保自己的故事适宜自己的目标听众并能与其产生共鸣。

拥有自己的材料

若你自己撰写演讲稿或媒体采访稿，那么你便已经做到了这点。但若材料是由他人帮你备好的，那么你必须找到方式让它成为你自己的材料。

你是否曾接到份演讲稿让你念？那么将开头及结尾重写，或是不断练习直到你能脱稿演讲。要始终大声读你所写的内容。书面的文字——在纸上很完美——但却可能会听起来很怪或是不适宜大声朗读，这些只有在试过后才能知道。通过练习，你可以提前知道哪里会磕绊。

找到并讲述个人故事以阐述你的观点，可以是你自己亲身经历过的或是有信心讲述的故事。

若你不够真诚或是单纯地照本宣科，人们都会察觉。因此，确保自己适应自己所要讲的内容。

做好演练，做好面对刁钻问题的准备

最终都取决于你准备的程度。我从未见过在练习后还演讲失败的情况。但我仅遇到过极少数十分有天赋的人能够不怎么演练便做出精彩演讲。而你具备这方面能力的可能性较低。因此，投入时间与精力去练习吧，不要即兴发挥。

此外，练习能够给予你自信并使你看起来“浑然天成”。未练习的人在台上或摄像头前极可能显得十分木讷。若你对自己的主题无论是看起来还是听起来都无甚热情，那么你凭什么去期待别人能够被你所说的内容说服？只有自信，你才能够展现你的激情，因此，练习不能打折扣。

如果可以的话，时时录下自己的练习。然后以静音模式观察视频中的自己。这是检验自己看起来是否可信的唯一方式。现在，自己拍摄自己并观看所拍摄的视频比你想象的更为容易。因此，许多领导者说他们没有摄像机来做这个练习时，我听到十分震惊。别开玩笑了——你有带摄像功能的手机，可以在看自己的练习视频时插上耳机听自己的发言。要拍摄自己也很简单。即便你有朋友或同事可以给你的表现提建议，但仅是通过观察自己，你也能有所进步。

我不会建议在当天对演讲或采访过度进行练习，因为这样会让自己感到无趣。但仍然需要练习一次，如可能的话，可以安排在现场练习。我们许多人为了做陈述都需要出行，因此酒店房间当然是练习的理想场所。不过我并不建议站在镜子前进行练习。你需要观看自己在视频中的表现从而来获得最佳效果。只有这样，你才得知观众在看你时会做何感想。

拍摄自己，增强肌肉记忆

每当我的客户说他们在脑海中进行了演讲练习时，我都会对自己笑笑。

那样做或许能够帮助他们熟悉内容，但却无法帮助他们调整自己的身体及声音来适应演讲。而身体和声音不适应演讲，那么内容什么的也就不重要了。你的身体需要肌肉记忆，而这只有通过练习才能产生。这样一来你便不需要在专注表达时还要分心考虑肢体上的表现。

我与客户进行的一些最有意思也是最具成效的练习发生在我逼他们在练习演讲时保持不出声的状态。我要求他们在练习面部表情以及手势时在脑海里进行演讲。虽然这一开始很逗趣，但当他们看到屏幕中的自己时他们很快明白了这样做的意义。你需要通过表情及手势传达很多信息，而这种表现力是使自己的表现变得可信、激励人心的重要因素。没错，这种练习从效果上来说是练习你的情感，但人们记住的也正是你的这种激情与情感的力量。你对自己作为的热情与激情才是使这件事能够对他人产生吸引力的原因。冷静且高高在上的风格并不能使他们对你买账。

无论是为了陈述、演讲还是媒体采访，用拍摄视频进行练习可能是本章最重要的一条建议。假如你对下次的出场没有其他准备，那么便可试试这种做法。当你自己觉得自己看起来和听起来都很舒服的时候，你就知道自己能够震惊听众，而这些也都会在你的表现中体现出来。

我不信任电脑。由于之前已失望太多次，因此我会始终检查确认那些陈述不断改进并按照我预期的方式顺利进展着。这也是你在当天练习最重要的部分——检查自己具体会怎样过渡幻灯片，你自己在台上的表现，以及在台上的走位及控台，便携式话筒是否功能正常等。充分的练习使你在发生故障时能够顺利克服，即便出现技术故障，你仍然能够继续演讲。

近期，我在一个五个巨大屏幕环绕的会议厅里为300多名观众进行演讲。演讲正进行时，其中一半的屏幕在我面前关闭了，另一半屏幕用于放映我的幻灯片。而当我讲到中途，幻灯片突然变成了空白。我停了下来，让技术人员能够致力修复问题，但我很快发现这可能需要花费一定时间，因此我便逼着自己继续演讲。大约五分钟后，幻灯片恢复了，技术人员成功把幻灯片调到了我当时已经讲到的地方。接下来的演讲一切顺利。之后在与其中的一些观众聊天时，我询问刚刚的幻灯片故障是否有给他们造成干扰。他们几乎异口同声地表示，他们并未注意到我的幻灯片消失了的这个情况。他们忙着专注于我的表情，根本没有注意我费尽心思准备的图表。自那以后，若有采用幻灯片，我也不会过度依赖它们。

刁钻的问题，有力的回答

若有对自己的观众进行全面考虑，那么你应该能够预测他们会问的问题。永远不要即兴发挥。要知道，在公众场合，每个词都是作数并可以对你造成不利，因此你需要谨言慎行。

最重要的是，要为“那又怎样？”这类问题准备好简洁的回答。要做好准备，用简单的表述来解释你自己真正想要表达的内容。

许多人经常无法回答关于他们公司的最简单的问题，我对这种情况感到十分震惊。“你们公司是做什么的？”我曾见过有公司的首席执行官被这样一个问题给难倒了。问题在于，他们距离自己的公司及所处的情况太近，导致他们身在此山中，难以窥见全貌。他们倾向于认为由于自己沉浸于公司及其事务当中，他们理应能够随时回答任何人的问题。但通常就是这些简单的问题可能会带来最大的麻烦。而那些难的问题，他们可能已经知道一段时间了。因此要确保自己能够回答最基本的问题，并在朋友和亲人身上进行尝试。确保他们能够认可你的回答，并确保自己的回答简单、清晰、直接。

努力思考观众可能会有的态度，并试着从他们的立场出发看待情况。他们可能会向你提怎样的刁钻的问题，而针对每个问题你的关键信息可能是什么？假如有些问题可能会使你偏离关键主题，那么学着简短地回答这些问题并将其带回到你的主要信息。确保这些问题是有效的，若可能的话，也可以让别人以不怀好意的方式向你抛出这些难题来进行练习。

我经常看到有些执行官在进行这类“不怀好意”的练习时能够做出更好的回答，继而将其融入了自己的演讲。正是这些刁钻的问题能够使人集中注意并让你专注于真正的问题上。不仅回答需要正确、坦诚、直接，你自己在回答问题时也需要看起来坦诚并且自信。

尤其是在广播节目中被记者提出恶意的问题时更是如此。你需要记住自己真正的观众是谁，不能表现出动摇及惭愧的情绪。你不是在与记者进行对话，而是在与外面的人进行对话。记住，他们在看着你，除了你的言论外，他们还会通过你的表现来做判断。

练习在同事或朋友面前大声回答这些问题，并让他们告知你在回答这些难题时声音听起来是否可信。给自己拍摄视频，看自己是否表现得动摇、不自在或不专注。

若必须的话，可以自己一人前行。但我还是强烈建议在面对媒体前接受专业人士的协助。媒体训练在当今世界十分必要，你需要确保自己能够应对广播、电视、提前录制、现场录制、播音室内的活动，外部活动或广播车的活动——这些都具有自己的特点，假如你想适应这些活动并呈现出自信的一面，你便需要熟悉所有的情况。

为什么声音与形象比内容更重要

上午9点多，当地广播站打来电话表示希望与AEA技术公司的高管进行现场采访。我当时是这家公司的执行董事。这些公司从英国原子能管理局分离出来，不久后在充满争议的情况下于伦敦证交所上市。保守党希望推进私有化进程，遭到了工党、工会以及许多员工的反对。当地广播聊天节目的主持希望能有位高管在接下来半个小时内现场为私有化进行辩护。其他人都没空，于是我便接受了邀请。我需要到当地社区中心，广播站在那里有个房间用于“在线”访谈。

我到达了社区中心，有人带领着我去那个房间。我们穿过了主厅，那里有约 30 名女性正在进行有氧健身课程。她们踏在木质地板上的声音肯定成为干扰。我被留在了那个房间，技术人员进行声音测试。有氧健身课传来的噪音实在太大了。“去让她们停下。”他说道。

“不可能，”我回答，想象着要面对隔壁 30 个热汗淋漓的锻炼中的女性，“你派其他人去。”

几分钟后，那些击踏声毫无预警地消失了。我们便准备开始采访。我坐在小房间中一张舒服的椅子上，麦克风则位于低于我膝盖的一张小咖啡几上。我不得不往前倾，确保嘴离麦克风够近。我戴上了耳机，以便听到广播节目主持人以及打电话提问的人的声音。采访开始，我进入了广播直播。节目主持人以及来电者让我十分不适，但我知道自己的情况，我带了一些笔记，我必须要坚持自己的观点。我尊重每个人的观点，但会十分坚定地表达自己的观点。我会运用故事，利用这个火热的平台，我讲述了为什么需要改变，并且描绘了每个人不断发展的未来前景，这不仅有利于员工，也有利于当地社区。

在这半小时结束后，我满意地离开了，因为我已经表达了所有的关键信息，并且很好地履行了自己的职责。（不过我必须得承认，我是偷偷从健身厅溜走的，这样便不用去面对那些被迫中止练习的女性。）

回到办公室后，我让自己的媒体公关经理去弄一份我采访的文字稿。采访稿第二天到位，我便将其拿给了当时的首席执行官皮特·华生博士。他是一位严肃的北方人，正领导整个团队经历改革计划走向全新的商业未来。他对这篇采访感到满意并建议我将其给其他所有的执行董事传阅，以便让他们从中学习。同时他让我把采访的录音拿来也让大家进行传阅。

第二天当我拿到录音的时候，我吓到了。因为我听起来就像只花栗鼠，声音颤抖、尖锐并且嘎啦，听起来一点都不具权威性。这个录音带被我雪藏了，但这个教训却是记下了。

为了靠近麦克风，我坐在椅子上把身体往前倾，这样的话我就需要伸长自己的脖子，让自己处于一个无法顺畅呼吸的束缚状态。这样会导致我极其糟糕的声音状态。我越是激动，声音就会变得越尖锐。我觉得十分尴尬。

内容有时可能是沟通中最不重要的部分

无论是在非正式的对话、演讲还是媒体采访，声音是你最重要的工具之一。有人会说，内容经常会成为沟通中最不重要的部分，人们记住的通常是你的仪表，仪表则需要通过你的形象、声音以及自信来塑造。（我并不认为这是对的，但我确实认为有力的仪表能够极大地加强你所表达的内容。）

正如我在这本书中不断强调的那样，有效的沟通要基于信任，若我们不信任讲话者，那么我们就不会去听或者去信任他们要讲的内容。这意味着你需要与你的观众进行良好的眼神沟通，需要保持温暖的声音音调，需要有富有表现力的手势及平易近人的面部表情。你需要看起来放松且自信，对自己所说的内容要表现得沉稳。有力的声音与自信的形象相结合会带来十分有力的效果。

你的自信程度会反映在你的肢体语言及声音中，若你听起来很紧绷，这会导致人们对你的不信任。他们可能会觉得是不是有什么不对的地方。因此他们会无法产生共鸣，并且无法被说服。

我发现，人们在台上、广播或电视采访中最常犯的一个错误便是忘记呼吸。他们讲得太快，而呼吸不畅会导致声音开始颤抖。即便他们并不紧张，这样也会使得他们看起来很紧张。这种情况是由于缺氧影响了他们的声音，而不是由于神经紧绷。

自然的呼吸，可以时不时停顿来调整自己的声音。在表达重要、激情的时刻或是重大的结局时，你会需要这样的停顿。

我在那次名声不佳的广播采访中犯的错误就是我既拉长了脖子，又没能妥善呼吸。即便是在现在进行演讲时，若我发现自己的声音开始颤抖，我就会意识到自己应该放慢速度，深呼吸后再继续。

掌握了如何运用自己的声音，你还需要掌握运用自己的肢体来营造正确的印象。即便你自己并不觉得自信，你也需要以对的方式练习走路及站姿。如可能，在练习时请别人帮忙拍摄视频，这样你就可以观察自己看上去如何。若无法拍摄视频，那么就让自己信赖的人来对此给予反馈。要站得直，并常微笑（微笑是真正的秘密武器，因为它不仅能够帮助观众去亲近你，更能够使你更加自信——还记得我说过的俄罗斯举重运动员的例子吗？）注意自己姿态上的呈现以及自己的声音状态极其重要。

记住，你的仪表会极大地影响观众对你信息的接收程度，并会影响你能否与观众建立恰当的联系。

记住自己主题的重要性

通常在客户上台或在摄像机前，我会给他们的一个小技巧便是向他们提醒那个定义自己演讲或采访主题的词。

例如，我的一位客户近期要上一个全国电视商业节目谈论他的公司对毕业生的投资。我们之前做过问答练习了，但我担心他现在脑海中可能会由于信息过多而迷失了最根本的信息。因此就在他要上节目之前，我提醒说他的故事是关于“发展、发展、发展。你今晚要说的所有内容都必须表明你正在发展自己的公司，而这发展不仅有利于你自己，也有利于员工、顾客、供应商以及当地社区。”

这一想法帮助他集中并十分出色地完成了采访，即便是遇到了最具干扰性的问题，他最终都会记得回归这一主题。

增加素材影响力的 12 种方法

好好思考你将如何使自己的素材更具影响力。通常会运用具有吸引力的"开场语"；这样的开场会吸引人们对你所讲的内容产生兴趣。要吸引观众，无论是现场观众或某出版物的读者，你都有许多技巧可以做到这点。在筹划自己下一次在公众场合出席时，你可以采用下列 12 项技巧来刺激自己的思考。这些都是可信的方式，能够吸引听众仔细倾听你的演讲。

1. 采用具有意外结果的问题。"在所有收集了《蜘蛛侠》和《野蛮人柯南》的人中，谁最有名？答案是奥巴马总统。"

2. 对常见主题进行转折。"你们可能都认为男性是不忠诚的一方，因为许多男性都更有可能对此撒谎，并且许多可能都未被发现。但是简单地说，似乎女性比男性更容易出轨。"

3. 提出令人震惊的声明。"现今对于我们健康与幸福最大的威胁是煽情新闻，这会让我们对吃任何东西都感到疯狂。"

4. 提出夸张的问题。"若你有 2000 万英镑并有机会为你所在的城市抑制犯罪做点什么，那么你会怎样用这笔钱？"（接下来就会进入经典的问题——解决方案——益处模型。）

5. 寻找并采用里程碑事件。"去年的这个时候，我们制造了 100 件产品。而今天，我们制造了第 100 万个产品。"（英国航空公司庆祝私有化第 10 周年的时候我正好在这家公司。为了庆祝这一没人感兴趣的时刻，我们筹备了一场全球的运动，名叫"十英镑喷射机"。为了庆祝十周年庆，在接下来的 10 个晚上，英国航空公司将为前十个拨打 0800101010 这个号码的人提供十英镑就可乘坐喷气机的奖励。这导致了 10 个晚上里接到了来自全球的 3300 多个电话。这就是将某一里程碑事件变得让人更加难忘的终极案例。）

6. 预测未来。每个人都喜欢未来学家。这比你想象得要容易。只需要把趋势外推来推测未来会发生什么。（我记得之前遇到过一位首席高管，他被要求分析英国的房价及房贷趋势。他推测了在英国北部未来十年的房价并将其与南部同样的趋势进行比对。他认为南北房价差异会增大，北部房价上升速率会远低于南部房价上升速率。他预测，这一差异会变得如此大，以致会对劳动力流动产生巨大的负面影响。这一说法被国家及地区媒体大肆报道。）

7. 运用惊人的事实。“1985 年，英国人民第一次用手机打电话。现在，95% 以上的成年人都拥有一部手机。”或者可以试试这个：“2011 年，英国发生了 210 万起暴力犯罪事件，而我则是其中之一。”

8. 运用新的事物作为开头。“你可能从这周的报纸上知道，虽然尼古丁会让人上瘾，但它并不是有害物质。没错，致命的其实是烟草。”

9. 运用“历史上的今天”的方式。“今天是 7 月 29 日。而在 1981 年的今天，600，000 多人在伦敦街道上排起长队，就为在查尔斯王子与戴安娜王妃婚礼的这天看他们一眼。这两位在 3,500 多名到场的来宾以及全球大约 7 亿 5 千万电视观众的见证下在圣保罗大教堂完成了婚礼。”

10. 创造一个标语。“Pooper scooper（铲掉狗屎）”（鼓励狗的主人在遛狗时清理狗屎。）“Clicks, bricks and flicks（点一点，逛一逛，翻一翻）”（这是在网上、高街以及杂志上均有业务的模特公司）。

11. 借当下热议事件的东风。“我们应如何刺激经济？我们对经济都十分着迷，因为这是会影响我们每个人的事情。”

12. 进行相关的或令人惊讶的对比。“全球出生率最高的国家是（停顿）……尼日尔！出生率为 5.126%。而全球出生率最低的国家是……日本，约为 0.764%。”

最重要的一点，要记住没有人会因为你做了一篇冗长的演讲或陈述而感谢你。越短越好。你需要花时间来将自己要讲的内容精简到最佳。你想讲的东西越短、越简单，观众们就越易记住你的关键信息。有许多因素会影响表达的清晰，其中就包括术语与长度。

我曾多次看到领导者站起来，没有笔记也没有幻灯片，但是给出了简短、明确、富有激情的演讲，从而赢得雷鸣般的掌声。

真正的自信来自于讲述自己真正喜欢的故事，并将其用作任何讲话的支柱。运用故事来表达你的观点，不要为观众过多地呈现事实。要始终记住“三之规则”。人们通常只能记住三个观点，因此围绕三个主要观点来总结自己的演讲或采访，并在提出观点时运用这一规定。这在演讲与写作中是十分常见的规律，表明三点以内的观点更为有趣、令人愉悦，并且更易记住。三这个数字经常出现在一些著名的故事中——《三只小猪》，《三个火枪手》或是《三圣人》。

最令人难忘的一些引用中也包含“三之规则”——例如：

Up, up and away.?（向上、向上，然后撤离）

Faith, Hope and Charity.（忠诚、希望、透明）

Truth, justice and the American way.（真理、公正、美国方式）

Life, liberty and the pursuit of happiness.（生命、自由、追求幸福）

我还可以继续不断列举下去，不过我想你应该已经明白我的意思。

如果要用幻灯片，请多用图片。

在帮助高管练习陈述时，我发现最常见的问题大概就是幻灯片上文字太多。这样一来，幻灯片便成了主要为讲话者而存在的一系列要点，而不是为了观众。因为幻灯片从效果上来讲就变成了讲话者放在屏幕上的提示词。

在我的公司，我们需要每周几次地为新业务进行推销。我看到了许多这类说明，能够明白为什么它们都会有这么多文字。这是强烈地认为我们的观众需要看到我们所说的内容，以便理解信息。但问题是，我们的观众会经常看屏幕并试着读上面写了什么，而不是专注于倾听我们所讲的内容。那样的幻灯片实际上会造成巨大的干扰，并无助益。

我们需要明白，对潜在客户做的陈述与为提醒客户已被遗忘的文件所做的陈述这两者之间的区别。前者会以有趣的照片、图片或图形为主导从而来提升我们的故事或销售言辞的吸引力。

我们的演讲笔记不会放到幻灯片上，但我们知道这些笔记可能也对我们的潜在客户有用，因此我们会制作有图有文字的第二个版本。这则是我们在推销过后留给客户的版本。

我的建议呢？我建议刨除文字，只用图片。

正确的图片不仅能够改变你的陈述，同时也会影响媒体机遇以及它在报纸或杂志上的位置。在这个 iPad、博客和新网站编辑的时代，图片具有前所未有的重要性。现在，图片被用到的机会更多，但要记住，你用的每张图片都需要讲述某个故事或是能够帮助你讲述故事。

这就是运用创新的助力能够获得的巨大回报。好的设计师可以为你提供优秀的图片想法，从而帮助你的演讲或媒体采访更令人印象深刻。

战略。所有权。练习。声音。主题。开场语。图表。这些就是在公众场合大放异彩的关键。

那么，内容呢？我听你如是问道。

14 为什么言语比其他的表达更具说服力

有时，言语的些微改变能够透露出此前未曾意识到的真相。当你注意遣词，选用了能够在人们脑海中建立全新概念的用词时，你便能扩大眼界，获得更多。

当你的追随者认为他们可以化不可能为可能，他们通常便能够做到这点。

你的工作就是从需求和能力角度说服他们做到这点。而你给追随者们带来的这一感受将使你实现了不起的成就。

你可以经常通常改变用词来改变他们的感受。

言语确实重要，无论你曾多频繁地听到“55%肢体语言、38%声调，7%言语”这类无事实依据的规则，忘掉它吧。你的仪表以及讲话的方式当然会影响信息的接收程度，但你所说的内容也着实重要。

研究沟通40余年，我曾在许多场景中看到一个句子中某个词的改变将会对结果带来巨大的影响。例如，我曾多次在直接营销的实验中看到仅仅改变用词便带来了极大的业绩提升。

这些强有力的用词是什么呢?

你/你们。这是将你所讲的内容变得更具针对性的简单方法，它可以使人们觉得你是在直接与他们进行对话。这可能是领导者语库里最有力的词，仅次于你谈话对象的姓名。

另一个词则出乎意料的是“因为”。

原因？要完成“因为”这一词打头的句子，你必须找到强有力的理由。通常，你会呼吁某人采取行动，那么“因为”这词后面就需要包含相关的利益说明，让观众明白“这对我有什么好处？”我们都知道我有多喜欢这类说明！每当你建立了随意的关系，即便你给出的理由很薄弱，它都会极具说服力。事实上，薄弱的理由也总会比毫无缘由更能说服他人。

另一个词则是“并且”，而非“但是”。这是我个人非常讨厌的点。我可以说十分恐惧不用“但是”的这种做法。可以说没有人愿意听不带“但是”的道歉。可以打赌，若你说了带“但是”的内容，那么人们听到的就只会是“但是”之后的内容。

“我认为你的新销售系统做得很好。但是稍作改进的话会更加完美。”听这话的人肯定只听到了需要改进，而完全忽略了前面的肯定。

“我对昨天说的话感到很抱歉。但是你每次不收拾盘子的时候总会让我十分生气。”此时的谈话对象肯定听不到道歉，而是只会听到另一指责。

将这个词从你的词库中取缔，用“并且”来代替。这样会变得更加高效。

例如，可以试试：“我认为你的新销售系统做得很好，并且我觉得稍作改进便能更加完美。”

或“我对昨天说的话感到很抱歉，并且以后你不收拾盘子的时候我会试着不生气。”

两个例句都得到了极大的改进，并且更易获得积极的回应。

谁、什么、哪里、为什么、什么时候、怎样的影响

在任杂志编辑期间，我对人们的阅读习惯进行了研究。我想要知道，从页面排版到头条用词，什么是吸引人们阅读故事的因素。据此，我得出结论，最具影响力的词是谁、什么、哪里、为什么、什么时候、怎样。

这几个疑问代词之所以有力则是因为它们总是意味着提问的开始，而提

问则是优秀领导力的基本。简单地向人们提问从而来帮助他们了解情况，或是帮助他们自己寻找到正确答案，或是表现出你对当前的情况确实关心并感兴趣，这样一来，你不用做其他什么事就已经在成为激励型领导者的路上成功了一半。

或许是由于我开始担任记者时，这些词便深植入我的意识，并且它们的效果也极佳。

工作中需要应对的最大问题在于错误沟通。我们会进行猜测，而不是提问，然后我们就会奇怪为什么这么多事情都出错。提问是建立信赖与关系的基础。作为领导者，提问可以让你更好地了解你的同事，他们的动机，以及妨碍他们进步的阻碍，而这样能使你做出更全面的决策。

倾听并肯定你的员工的重要性想必不需要我再过多强调。当你提出好的问题，你给周围的人留下的印象便是你确实重视他们的想法。我强烈地认为，在自上而下领导模式正迅速消失，并且更开放、合作及透明的世界里，善于提问这一技能无疑变得更加重要。

我们越是频繁地运用这六个有力表达，便越能成为善于倾听的人。我们提的问题越多，便越能够更好地了解情况，并且越不会总是谈论自己。我不认为在领导者必要技能清单中曾看到过“提问的技术”，但我认为它应该包含其中。这对于领导力而言确实是十分关键的组成部分。

无论是在指导某一员工，想要知道员工的想法，想要理解某一复杂的情况，或只是想在某一场合进行社交，我相信你若能充分练习这六个词的使用，它们将会成为秘密武器，使你更具激励性。

正如吉卜林曾写道：

我有六个诚实的仆人
（他们教会了我所有知识）
他们叫做什么、为什么、什么时候

以及怎样、哪里、谁。

为何在头条中使用这些文字能够更吸引读者

若你撰写博客或是在员工简报中拥有周刊专栏，那么请记住这六个词在头条中的重要作用。研究表明，以这些词中的任一个开头的任何头条都能够比没有这些词的头条获得更好的阅读率。

（你们当中观察仔细的人可能已经意识到本书中有许多章节都是以这种方式开头。）

“约翰·史密斯怎样赢得我们最大的客户”这样的标题对读者而言会比“约翰·史密斯赢得最大的客户”更具吸引力。

“为什么领导者总是问开放性的问题”这个头条也比“开放式问题带来更多回答”要更好。

由于这类头条通常会在读者脑海中留下未解的问题，这样会促使他们继续往下读。因此无论是幻灯片上的标题还是你的下一篇博文，要始终考虑用谁、什么、什么时候、哪里、怎样或为什么开头。

运用能够获得社会认同的文字

说到对一些文字进行些微改变，我希望你能够注意某些劝说专家的成果，包括美国亚利桑那州立大学心理学博士罗伯特·西奥迪尼。他近期的成果简单却具有深远意义。他表示，当人们需要在感到不确定、不知所措并且紧迫的情况下做决定时，他们更易依赖于一些心理捷径来引导他们的决策与行为。

这类决策捷径之一就是科学家们所谓的“社会认同”。有了社会认同，假如证明有大量其他同仁也做着我们需要做的事时，我们便会倾向于遵循这种类似情况的引导。

例如，我们倾向于选择人多的餐厅，或是跟着其他人一起加班，往满是零钱的托盘中放小费。我们会认为假如许多人都这么做，那么这样肯定是没问题的。因此便理所当然地将这种做法运用到了实现更加优秀的结果。举两个例子。

多年来，旅馆老板对于让客人再度使用他们的毛巾感到十分苦恼。若某一客人住好几晚，那么每天将毛巾送去洗涤不仅费成本，而且不利于环保。通过对请客人再次使用自己的毛巾的标准提示进行些微的改动，旅馆老板可以减少毛巾使用率 26% 以上，带来极大的经济和环境效益。他们需要做的只是增加一句简单的句子，告诉客人大多数客人都会再度使用自己的毛巾（这种社会认可的吸引）。

另一实验则与税收有关。提醒信件中的社会认可信息则是说绝大多数的具名都按时缴纳税收，这一做法使得按时缴税的人数提高约 15%，为政府财政带来了上百万的收益。如果说这两个例子中对劝说流程的理解能够产生如此巨大的回报，那么增加关于社会认可的几个词为何不能够为你的企业带来惊人的效果呢?

通过用词的细微改变，领导者能够解放员工的想法，并影响他们的行为。因为更讲究更谨慎的遣词能够对心理状态带来真正的影响。

下面三个不同的故事说明了我的观点。

将乘客变为客人

近期，我与当地一小机场的首席执行官进行了对话。他现在面临机场收益的不断下降。由于过去三年管理不当，乘客的数量下降了一半。他面临着大量的多方面的工作，尤其是公司文化。

机场的员工都十分资深并且努力。他不认为问题的关键在于使他们更加努力工作。他们都知道要使机场重振气势并保障自己的工作需要做大量的工作。毫无疑问，他们愿意改变。但问题在于，他们不知道如何改变。要改变，存在着一个重大障碍——他们倾向于认为乘客是需要尽快并尽可能高效地“放牧”到登机口的“敌人”。而过来送他们的家人或亲戚需要尽快让他们离开以免道路堵塞。

无论他做什么，他都无法改变员工的态度。他试过称呼乘客为“顾客”，希望这样能够向员工表明这些乘客不是羊群，并且对机场意义重大。“这让我的员工有一瞬间呆滞，我可以看到他们奇怪我到底在干什么。但这仍无法改变他们的态度，从而也无法影响他们的行为，”他说道。

“我们意识到必须对员工进行一些培训，从而帮助他们变得对顾客更为友善。我们与培训师讨论了可能的方法。在争论的时候，其中一位管理者建议，关键的问题在于我们希望员工能够更热情友好。这就是突破点。我们真正想看到的，是员工像对待来家里的客人一样对待来机场的乘客。”

这一微小的改变带来了巨大的效应。“突然之间，我们的员工清楚地明白我们的意图，许多人自发地按照我们所希望的方式采取行动——无须培训。”

小小的一个词的改变为整个改革计划提供了平台。而这一改革计划——与其他因素一道——改变了机场的资产情况，并使机场再次得以发展。

视顾客为用户

在讨论用辞的重要性问题时，一位营销主管向我推荐了一本书。这本书极大地影响了他与员工谈论公司顾客的方式。该书是艾伦·夏皮洛所著的《是用户，非顾客》。他解释道：“夏皮洛先生让我意识到简单的一个词能够改变整个公司的态度。顾客一词是从交易角度定义这一关系——买卖关系。但是，我们希望我们的顾客能够持续用我们的产品，并成为我们的回头客。我们只有解决顾客的问题才能够实现这一点。购买的技巧并不能解决他们的问题。只有在使用我们的产品时，才能够满足他们的需求。

这就涉及到人们需要什么来满足他们的需求，这几乎涉及企业的每个部分，因为它使我们的员工意识到自己在制作人们会用并且希望能够长期用下去的产品。

这就是将整个公司与终身用户的想法结合起来的方式。记住这一点，你便能够以不同的方式考虑质量、制造、营销与服务。这就是一个词带来的改变。”

从可持续性到可发展性

在伦敦一鸡尾酒会上，我与一家著名的英国零售商的可持续性主管聊天。我们讨论了CSR（公司社会责任）的概念已不复存在的想法。即便是“可持续性”这一词也已经过时。

为什么会这样呢？因为，我们认为“可持续的”是个防御性的表达，它意味着停留在现有的状态。在我看来，这设置了维护保持或是防止更大的损失的情况。

但与现在的企业领导者对话时，他们会谈论一些不同的东西。

他们会讨论寻找方式来确保他们整体的运营环境能够维系所有人的发展。他们会讨论在破产的环境下公司无法发展。他们意识到有必要确保自己所在的社区的经济能够发展，否则他们自身也无法发展。他们会讨论打造现在及未来人人都能受益的环境。在我看来，他们所讨论的就是“可发展性”，而非可持续性，并且我现在已经开始更频繁地运用这个表述了。

每次我使用“可发展性”这一表述时，都会得到十分有趣的反应。为什么？简单来说，当你听到这个词，而不是“可持续性”时，你的想法会有所不同。你会吸收这一更积极的不同概念。它已推动了更多关于企业如何成为助力的正面讨论。

注意采用正确的表述

在这些例子中，我们改变遣词从而使其成为追随者脑海中不同的比喻。把人们当作客人，而非乘客。这是个不同的比喻——能够激发十分不一样的感受方式。

在这几个例子中，言辞的细小改变都揭露了此前未发现的事实。发展，而非持续。终身用户，而非一次性顾客。需要尊重的客人，而非需要管理的乘客。

当你小心采用能够激发人们大脑中全新概念的正确表述，你便能够拓宽视野，并实现更佳的结果。

15 需要参与社交媒体的六大理由

目前使用社交媒体的人数已达 10 亿。截至 2020 年，预计将有 50 亿人使用社交媒体。但是，目前仅有少数高层领导者参与其中。你是否真的能承担忽略社交媒体的代价？

许多人在读到这一章节时可能会奇怪为什么我会写这几乎是他们第二天性的东西。答案是——若你是提出这一疑问的人之一——你属于少数派……极少数！

近期报告现实，伦敦证交所 350 多家顶级公司的领导者中，仅有 7% 有数字应用记录。虽然无法担保这一数据，但我确实知道许多我曾共事过的领导者并不经常使用社交媒体，要不就是极少出现在社交媒体上。而在这些经常使用社交媒体的领导者中，许多都是由其他人替他们完成文字编辑。

自从我听了一客户的故事后，我对社交媒体的态度便发生了极大的改变。直到那时，我便十分认定，数字改革时每个人必须要理解的东西，从而能够确保自己的团队能够参与到社交媒体当中以使自己的品牌受益。不过，我也认为年轻人天生就能接受这类事物，而我则永远不可能做到这点。我将其视为沟通的方式，而不是工作的方式。

我的客户告诉我，某天下午，他很戏剧性地被叫去见客户。这一命令是由首席执行官下达的，他根本没有商量会面时间的余地。他被要求立即出现。作为全球专业服务公司的高级合伙人，他被要求为他们团队的某次失败负责。

这位客户每年能给公司带来七位数的收益。而这一责任将可能导致他立即被停职。他的团队想完成自己力所不能及的工作，最终让这位客户大失所望。而他们若想弥补，则需要不同寻常的技能。他们仅有一次机会，在几天的时间里解决问题……否则后果自负！

在回办公室的路上，我的客户感到压力十分巨大。虽然他有 2000 名员工，他知道没有人能够帮助解决这个特殊的问题。在这么短的时间里，他要上哪儿找具有这些特殊能力的人呢？坐在回办公室的计程车上，他在推特上发了一条 140 词的请愿。

“在我到达办公室前，我便收到了十几条回复。得益于这些人，事情变得很明朗，所以我给他们发了邮件简要说明了整个情况，也就是交流了自己的问题。当我回到办公桌前时，我的收件箱里已经躺了五份知道怎么解决这一问题的人的简历。其中四个是我自己的员工，还有一位是之前合作过的自由职业者。当天下午，我们聚到一起对问题进行讨论。”

“从那天下午开始到那天深夜，我们用维基来实现虚拟合作、发送信息及电子邮件，努力解决问题。第二天上午，我已经能够带着大致的解决方案重新回去找我的客户。最终，我们成功留住了那个客户——只不过是因为我能够如此迅速地采取行动而已。”

通过社交网络的力量，我的客户挽回了价值几百万英镑的收益。因此他现在已是社交网络的绝对粉丝。

不用社交媒体的理由

不过，他仍然是我共事过的领导者中的少数。虽然几乎所有领导者都认识到社交媒体对其团队的重要性，他们仍然会抗拒自己使用社交媒体。他们有的不知道如何使用，有的则是担心一旦使用便会失控。

他们表示自己的推文可能会被媒体在脱离语境的情况下胡乱引用或妄

用。他们认为这样太具风险，并且他们看不到在这上面投入时间可以获得的回报，尤其是博客的使用。他们认为，社交媒体是专为年轻人而设，认为这会使他们声誉受损或是暴露个人信息。有时候，领导者会尝试发送推文，然后在看到自己的评论受到批判或是在媒体上大量转发后又会撤回推文。他们认为在 140 词内表达复杂的问题是件十分困难的事。

虽然我承认确实存在困难和风险，但我认为这些领导者是在拒绝参与到这种合作、分享信息、开发员工可能带来竞争优势的技能的有效方式之中。

当下的领导力是这个时代的产物，我们必须拥抱数字沟通。这样做的领导者能够与一线员工直接沟通，能够参与到与顾客的对话当中，并且能够发现带来真正利益的兴趣、知识、新闻社区。

你如何看待社交媒体？其中一面的做法是，许多领导者认为社交媒体是种威胁。他们限制员工花在社交媒体上的时间，因为他们认为这不是有效的客户沟通渠道，并怀疑这会对他们的等级管理及控制结构产生直接挑战。这种观点会带来极大的压力——他们如何控制他们严重的这种失控的情况？他们的想法便是建立屏障及保障来维持这一难驾驭的世界，并将其隔离在外。

稍具冒险精神的领导者会将社交媒体的使用限制在倾听顾客及其他利益相关者的用途上。这比起更昂贵的市场调查是更有效的一种选择。

而另一面做法，领导者会积极鼓励团队以各种方式建立员工与顾客之间的练习，从而提高顾客忠诚度，使团队更高效，并提高员工参与度。在这一面，根据我的经验，这些领导者自己本身就是社交媒体的积极用户。他们确实能从中“获得”益处。

使用社交媒体的理由

现在，越来越多的人开始用脸书和推特。他们别无选择。在某些领域，团队的领导者们更是被积极驱使着参与其中。例如，我发现英国卫生服务中心的首席执行官们就被积极鼓励使用社交媒体，还让他们去参加许多在线辅导课程。

我知道许多其他公共领域的领导者十分热衷于使用博客。例如，英国贸易投资总署的行政长官尼克·拜尔德便是如此。英国贸易投资总署是与企业合作帮助它们在国际市场上取得成功的政府部门。他表示，推特和博客让世界变得“混乱得很有趣”：“我认为，作为领导者，你需要用推特和博客。我就一直这么做。这样能够有助于你明白，作为领导者，你并不是掌控着所有事情，这样可以让你变得不那么严肃，但是却坦诚，甚至能够让你更加可靠。有时我针对某一话题发了博文，然后所有的反馈都是人们的抱怨或是喋喋不休一些与我的主题不甚相关的事情。但这很好，因为这样能够让我知道困扰人们的问题，然后我们可以对此做点贡献。

我并不赞成对社交媒体的使用设置条条框框，因为我认为我们可以适应这种情况，并采取新方式来利用它给我们团队带来的这种有趣的混乱。”

在这本书中，我始终都在谈论领导力是关于如何向追随者更多地表现自己、展露自己的性格。我也讲了能够激发选择和更好的未来的对话的重要性，并讲述了可信的愿景及启发性的故事所蕴含的激励性内容的关键性。我也敦促领导者需要始终致力于建立兴趣社区，并为这些提供情境及意义。最后，我提议领导力是关于鼓励以新的方式合作，从而促进进步并打造一个更包容的团队。

需要参与其中的六大理由

性格、联系、对话、内容、群体、合作，这是团队管理的定义所在，也是社交媒体所涉及的内容。

下列六点是你需要参与社交媒体使用的原因（见图 15.1）

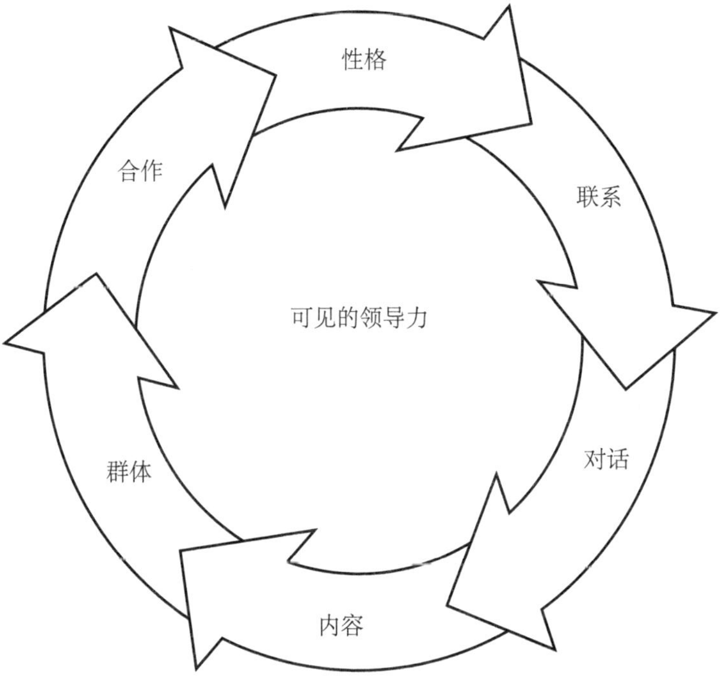

图 15.1　社交媒体

可向更多人展现你的性格

当企业或团队的其他部分都在顺应这一大势时，企业领导者不能置身事外。领导力很大程度上是关于设立楷模。若你想要自己领导的团队使用社交媒体，然后告诉它们按照你所说的做，而不是按照你的行为，这很快便会拉远你与员工的距离。

我认为毋庸置疑，若企业领导者能够参与到与顾客和消费者的在线对话中，所有看到的人都更易信赖这一品牌。这是领导者面对不同受众、传达关键信息，并传递它们的信念、产品及服务的绝佳方式。这通常也是质疑利益相关者观点并向公众传达己方论证的方式。

但是采用率仍然极低。只有很小一部分领导者在线上十分活跃。这在我看来着实是错失了巨大良机。领导者的工作在于激励，但在社交媒体上不活跃或是不出现便无法激励任何人。

会在社交媒体上活跃的领导者比那些不活跃的领导者更具激励性。社交媒体促进了公开。它使得领导者更平易近人，并使追随者们明白他们到底是怎样的人，以及他们的信念。这样一来，这些追随者便更可能对领导者产生信任之情。

社交媒体的可见性确实给诚信带来了极大压力。真诚是有效领导的关键，因此语气着实重要。我会建议你应尽力自己运用社交媒体，而不是将其交由其他人代管。只有你自己才能以自己真实的语调发言。人们对于不真诚的人十分敏锐。尤其是员工，他们会极快地辨别出博客或推特上这类代言的“虚假”。他们会知道这不是你所说的话，而这将使你失去他们对你的信任。

使用社交媒体的领导者主要是面向他们的员工。将自己要讲的内容仅限于向内部受众公开，这会使他们觉得更加自在。但是，运用社交媒体与顾客建立联系的领导者和首席执行官的数量也在上升。我曾看到有些执行官在电视及广播上公开自己的电子邮箱地址来鼓励顾客进行反馈，尽管他们会担心这样做可能会有一大堆投诉邮件蜂拥而至。他们将投诉视为在团队内采取行动并解决问题的方式。这样一来，他们能够在向顾客反馈的同时提高声誉，促进客户忠诚度。对他们而言，这是个机遇，而不是威胁。

许多执行官现在也会通过推特和博文去面对目标投资者、大众以及新媒体。与会议室或办公室不同，社交媒体没有物理或地理上的限制。它有助于展开对话，并营造更高水平的参与度，因为它能够以让他人参与并鼓励他人的方式，使领导者们能够自信地以非正式的方式传达自己对团队未来的想法与热情。

更易建立联系，更平易近人，更善于倾听

世界在不断变化。数字、社交、移动的覆盖率正以各种全新的方式建立顾客、员工及合伙人之间的联系。领导者必须意识到，一个更联结的世界正在改变人们的参与方式。我们生活在一个持续反馈的环境中。当新闻与观点如此快速地在世界传播，唯一的应对方式便是增强团队灵活性从而使其能够做出快速反应。

在社交媒体上活跃能表明作为领导者的你在倾听。这是及时获得新闻与观点的好方法，也是高性价比的方法。它使领导者能够扁平等级，并完成目标。领导者在线并倾听时，他们更能影响重要的对话。他们可以了解顾客对其服务感想的第一手资料——这是他们可以带回团队并采取相应行动的内容。

现在的领导者十分重视改善顾客观点，并不断改进对顾客个人需求的理解，从而寻找方法来提高服务与产品。既然有这么多情况，那么为什么要让其他人来完成倾听的这个过程呢？只有亲自参与到互动当中，你才能够真正明白需要做什么。毕竟除非市场调查还包含感想，否则就只是数据而已。感想能够促进行动。通过积极参与到重要的对话中，你将收获极丰富的感想。

我对话过的有些领导者会使用这些感想来推动团队内的行动与意识。他们会变得热衷于解决问题并鼓励员工提出解决方案。他们喜欢那种在线回到客户那里并告诉他们在听到他们的反馈后所采取的行动。当顾客或员工看到你对他们的言论进行反馈并根据他们的建议采取行动，他们便会产生更高的忠诚度。

阿尔卡特朗讯企业通讯公司即将卸任的行政高管本·韦尔瓦耶曾告诉我在他刚刚上任时是如何鼓励全球 8 万多名员工直接给他发邮件。他表示他收到了上千条反馈，并亲自回复每一封邮件。这样一来，他便比几乎其他所有的管理者都更清楚团队当前的情况。

可以提高对话参与度及影响力

在你与追随者及支持者之间进行了成千上万的对话中。网络则是对话及鼓励参与的理想场所。网络及对话。大多数成功的想法与社交媒体都包容对话、鼓励参与，并且如我在本篇开篇所举的那位面临巨大压力的客户的例子，通常都是来自最不可能的来源。

唯一的告诫便是，社交媒体是团队领导者需要学习如何用控制交换参与的地方。我经常会听到这个有趣的说法，说的是，若你听到不大家在说什么，那么他们可能没有在谈论关于你的事情。虽然这个想法很有趣，但这是一种鸵鸟心态，阻止了许多领导者参与到这些对话当中。无论你是否喜欢，这些对话都在发生，而忽略它们、不试着去影响它们则是最糟糕的做法。若你能发现人们的想法、感受和做法究竟是什么，你便能够对这些信念及行为产生积极的影响。

当团队学着促进顾客、员工及供应商之间的对话，那么就能收获共赢的效果。

可创造实践愿景、分享故事的语境

社交媒体最大的优势之一便是你能够与受众直接对话。不久前，人们还不得不依赖于印刷及广播的方式来向外界公众传达他们的信息。现在，你很容易便能与这些受众进行沟通，并且不用担心自己的话会被歪曲或曲解。

团队领导者可以清楚地向广大受众传达自己的展望，并且在与各利益相关者沟通时保持一致性，而不需要可能会改变或重构观点的第三方参与其中。

“但我就是没时间。”其中一位仍在拒绝的领导者说道。

“那么你怎么进行沟通呢？”我问。

“通过每周邮件 / 简报。”

这时候，敏锐的人便会发现其中的计量。“那每周写封邮件和每周发篇博文有什么区别呢？”

我知道的大多数领导者都十分重视与员工直接沟通，通常会通过个人邮箱或是公司简报专栏。若他们有时间做这个，为什么不直接用博客的形式进行传达呢？若想要限制博客的访问权限，你可以这么做，同样你也可以限制自己推特的访问权限。唯一的不同在于媒介不同而已——而内容则可能是一样的。

公开上线时，要切记你需要为发生的对话增值。若你只是用简单露骨的方式宣扬公司的官方路线，那么很快你便会变得不受欢迎。

讲述故事、分享感想，或是提供专家观点都是传达信息的更好的办法。

可打造兴趣社区，促进社交、便捷学习

通过为具有共同兴趣的人打造在线“聚会”“场所”，人们可以建立互利的网络。而在这些网络中，人们可以寻求帮助及建议，同时使其他人也能够这样做。他们可以发表自己社区感兴趣的内容、文章、信息及新闻，可以创建论坛及新闻组，或是进行即时消息从而进行更迅捷的沟通。这具有无限可能性。

创建这类社区比你想象得更容易，而所带来的益处则十分巨大，尤其是通过利用常规的“内部”消息以及激发思考与创意的思维领导来保持市场的发展。

可通过展示协作来促进合作

当今，领导力的一大趋势便是打造更开放、更协作的文化，鼓励团队成员彼此建立联系、相互学习，从而在快速的世界中得以繁荣发展。这是激发

员工创意与想象力的有力方式，毕竟员工才是每天真正面对顾客的人。

当领导者通过他们的线上活动展现出合作的精神，这便有力地传达了改变团队文化的需要。社交媒体的根本属性便是合作，将其为己所用的领导者便能够建立与利益相关者的社会资本。

为何不能继续忽视

研究表明，全球使用社交媒体的人数已超过10亿，已有迹象表明这一数据将加快增长。预计到2020年，全球将有50亿名用户。

脸书对于用户而言仍是联结世界最受欢迎的线上空间。根据全球互联网数据中心的一项研究，脸书的每日活跃用户量已达6.65亿人。而推特的活跃用户人数则增长最快。每天新增用户超过100万。

领英无疑已成为世界上最大的专业商业社交网络，虽然发展势头不如推特与脸书，但它自2013年上半年以来便一直在发展。现在领英的用户已达2亿之多，每秒便有2名新用户加入进来。

另一用户增速极快的社交网站是Google+，该网站已吸引了3.59亿月度用户的关注，并已成为第二大社交网站。

而像Instagram和Pinterest这类的网站得益于其用户互动、发文、上传照片至平台的独特方式也日渐受到欢迎并吸引了大量的在线用户。

互联网移动端的使用率在过去两年里上升了60%，这意味着互联网的使用将在之后变得更加便捷且更受欢迎，能够迅速向全球发展中的市场开放社交媒体。他们可能家里没有电视，但手机的持有率却在不断升高，而手机现在几乎囊括了手电筒到打电话的所有功能。

关于社交媒体是专为年轻人而设的论断很快不攻自破。推特用户中增长最快的年龄区域为55到64岁的人群，占增长率的79%。而脸书和Google+的用户中增长最快的则是45岁以上的人群。

社交媒体现在变得如此普遍，导致许多国家领导者都在使用推特——根据最近的一次统计，联合国国家超过 264 名的领导者是推特的活跃用户。这些世界级的领导者用 42 种不同的语言为 5200 多万粉丝发送了超过 350,000 条推文。研究表明，这些领导者中，只有 30 位是自己使用。其中最受欢迎的便是美国前总统奥巴马，他的粉丝达到 1500 万人。

这些都是领导者无法忽略的发展趋势。

致力于工作及其发展的领先独立国际机构工作基金会（The Work Foundation）或许最能说明我的主要观点。该机构近日发表了利用社交媒体提升劳动力效率的白皮书。

它总结道，太多团队害怕社交，每天担心“野蛮人——那些急于评论、判断且固执己见的消费者”会上门并颠覆团队。这些团队要采取各种抵御战略将其挡在门外。

但问题在于，这些野蛮人已经穿过了大门——因为这些懂社交媒体的消费者占这些团队员工的大多数，他们不会在早上要去工作的时候就把运用社交媒体的能力放在家里。

近期，我们公司的创意总监艾米丽·特罗德为我以及集团所有的董事总经理团队设立了一个特别日。我们被带去数字培训日学习如何编码。由于我们根本没有这方面的技能，并且不怎么明白如何写自己的程序应用，因此短短八个小时里，我们着实大开了眼界。

对于在业界建议客户使用数字媒体的企业而言，我们必须明白什么是可能的。知道网络如何运作并明白可能的情况，便可为想法和战略打开全新的世界。即便我可能永远都无法自己编写应用程序，但是我们都从这个“编码日”中获益良多。

我想，这就是它真正的意义所在。如果不亲自参与其中，你又要如何去理解这个充满数字可能性的新世界并将机遇最大化呢？

CHAPTER 5

第五部分

总 结

16 你的领导激励值是多少?

要成为为数不多明白真正的激励是什么的领导者中的一员，你需要问自己正确的问题——那些能够帮助你改善作为激励型沟通者表现的问题。若能够做到这点，你便更易做出改变，将拙劣的表现化为杰出的成果。若想检测并改善自己，以下是你必须扪心自问的13个问题。

领导力以及激励的能力，是最厉害的无形资产。

杰出的领导者能够使团队创收并获得成功。他们能够帮助从团队的其他软资产——文化、知识、声誉及关系中促生巨大的价值。他们能够创建良好的工作环境，使追随者能够成长、发展、取得成绩。他们鼓励成功。激励他人的这种技能具有极大的价值。

那么如何将这一无价的无形资产变得更加有形可见?

唯一的途径便是准备一些衡量方法。试着通过评估自己的技能来了解自己作为领导者的激励程度，然后根据你的员工或直接汇报的相应观点进行佐证。重要的并不是你自己给自己的绝对分数，也不是员工给你的评分——而是这两者之间的差距。这是你需要改善的地方。若你真能实现改进，那么你便也能提高领导力的质量，从而提高实现目标的概率。

要成为明白什么是激励的领导者，你需要问自己正确的问题——能够帮助你改善作为激励型沟通者表现的问题。若能够做到这点，你便更易做出改变，将拙劣的表现转为杰出的成果。

下面是一些真正重要的问题——需要你扪心自问的问题。请按 0 到 10 的标准针对每个问题给自己打分。

1. 我能否说自己通过激情与诚实的沟通去真正地激励了我的员工？（我的领导团队是否也是如此？）

2. 我是否确信所有人（团队中所有级别的人）都清楚我们的价值观及使命，继而做出与其相符的决策？

3. 是否所有的员工都清楚自己需要做什么来帮助实现我们的整体目标，他们是否受到了这一目标的激励？

4. 团队中的所有人是否都努力不断改善我们的重要关系——彼此之间、与供应商、合伙人、利益相关者以及最重要的顾客之间的关系？

5. 我们是否有与员工进行足够的重要对话使他们觉得自己是其中一员，觉得受到了鼓舞，并努力投身于我们所做的事情？在进行这些对话时我是否有对良好的工作表现予以认可？

6. 我是否能够真的说自己明白员工的情况从而能够谈论对他们而言重要的事情？

7. 我是否优先从整个团队的员工身上获得反馈与信息并对他们关心的事情做出反馈？我是否善于倾听？我是否能让员工觉得向我汇报坏消息很容易？

8. 团队中的员工能否看着我然后说我已经清晰有力地说明了对我及对团队而言重要的事情。

9. 在员工的认知中，我是会运用故事来传达想表达的信息从而来激励与吸引员工的领导者，还是只用包含事实与数据的表格？

10. 我是否确信自己的行为方式和传达的信号能够将正确的信息传达给员工？

11. 我与团队所有的领导者是否为公开演讲做好准备与练习从而保证自己说话算话？

12. 是否将沟通作为团队内的重要领导力优先任务，以确保我们能够将所有的领导者培养成为激励型的沟通者？

13. 最重要的是，我是否有尽己所能来确保我们的员工、顾客及所有利益相关者相信我们、相信我们所做的事？

上述问卷是根据《领导者的语言》中的 12 条原则，并在来自英国调研公司意见领袖调研的西尼德·杰弗里斯的协助下完成。全球成百上千名领导者已完成了这个测试，并且给自己的平均分为 7。这些领导者来自欧洲、美国、南美、澳大利亚以及远东地区。

有趣的是，这些领导者觉得最无法达成的是他们“使人参与”的能力，他们在“我们是否有与员工进行足够的重要对话使他们觉得自己是其中一员，觉得受到了鼓舞，并努力投身于我们所做的事情？”这个问题上给自己打了最低分。（绝大多数领导者都会认同这一评价！）

令人惊讶的是，他们给清楚表达激励人心的展望的能力方面给自己打了倒数第二的分数——全球无数员工调研表明这是领导力最重要的组成之一。因此这是十分重大的差距，也是令人担忧的差距。

所有董事会的领导者都认同他们需要发展改进，但有人却表示他们领导的人越少，对自己的技能信心越低。管理小团队意味着具有更大影响力的潜能，又或许是对许多人而言，在沟通方面的培训和支持要等到他们升到更高级别才会“显现”？

这些领导者认为自己最强的技能则是清楚表达强有力观点的能力，并且对于“我是否优先从整个团队的员工身上获得反馈与信息并对他们关心的事情做出反馈？我是否善于倾听？我是否能让员工觉得向我汇报坏消息很容易？”这一条的评分也最高。这或许是领导者与员工认知之间最大的差别。大多数员工参与度调查表明员工认为倾听是他们领导者最差的技能之一。

团队成员如何评价老板？

根据这些差别，我进行了一些研究以更多地了解员工对于其领导者是否鼓舞人心到底是什么感觉。研究交由我担任要职的互联网市场调研公司 YOUGOV 以及英国领先沟通机构友好关系集团进行。我们对英国 4,000 多名员工样本进行调查，发现仅有 21% 认为自己的领导者善于鼓舞人心，仅 5% 认为他们的领导者“极其鼓舞人心”。

这意味着仅有 1/20 的员工给自己领导的激励性打了高分。而另一方面，33% 的人评价自己的领导者为“不激励人心”，12% 选项为“极不具激励性”。

很明显年龄越大，你对领导者的要求越高。55 岁以上的员工中，近 40% 的人认为他们的领导者不具激励性，比 25-34 年龄段的这个数据高出 1/3。

各行各业都存在如此巨大的激励性评价差异。媒体、营销、广告、公关领域的员工认为领导者激励人心的可能性最高（31% 的人打了 8 分及以上），接下来是 IT 行业（28%）。政府部门的员工认为自己领导者激励人心的比例仅占 20%。交通行业的这一数据为 2/5（40%）（打了 1 到 4 分），这意味着这一领域员工的参与度最低（见图 16.1）。

该研究表明了激励性方面的极大欠缺，而这是各处的领导者及管理者很容易忽视的问题。欠缺激励性会直接导致参与度低下（见图 16.2），而这则会导致失败的发生。

另一方面，如我们所见，参与的员工能够带来更大的增长与收益。受到吸引与激励的员工在所有能想到的衡量标准方面几乎都表现得更好。

* 盈利：在参与度方面得到最高分的团队年净利润是得分低的团队的两倍。

* 收入增长：高分的团队在收入增长方面是低分团队的 2.5 倍。

* 顾客满意度：得分高的团队在这方面比得分对低的团队高出 12%。

媒体、营销广告、公关 & 销售行业的员工有 31% 认为他们的老板具有激励性，但在交通物流行业，这个数据仅为 15%。

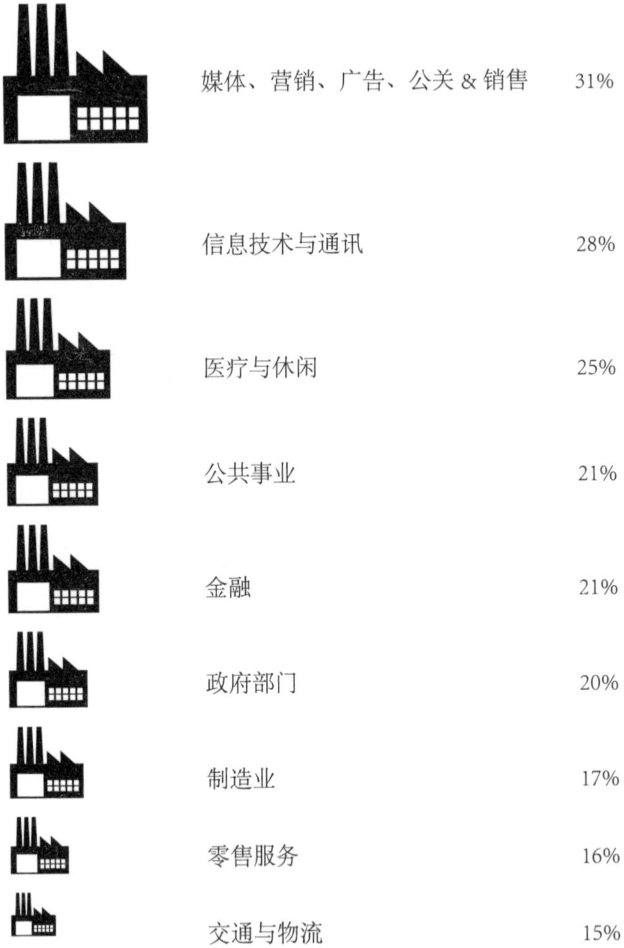

图 16.1　激励型的领导者在哪儿？

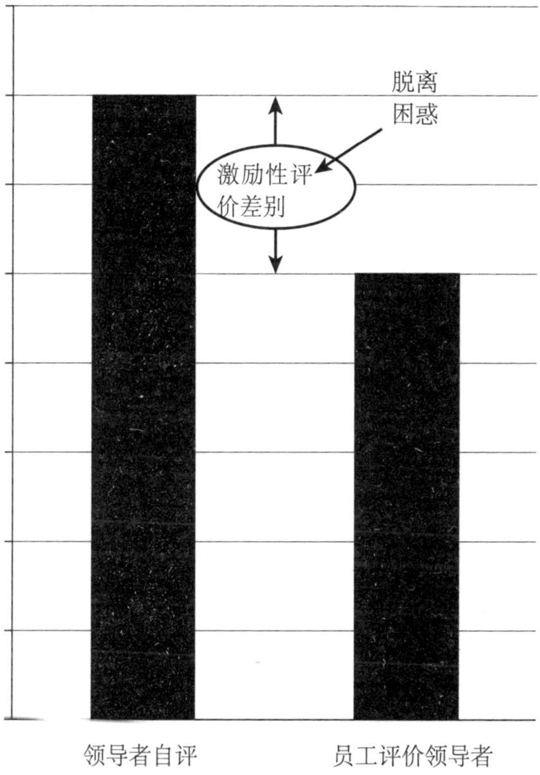

图 16.2 激励程度？

* 生产力：得分高的团队比得分最低的团队高出 18%。
* 人员流动率：得分高的团队比得分低的团队人员流动率低 40%。
* 健康安全：得分低的团队发生的事故比得分高的团队高出 62%。

领导者到底是怎么想的才会故意在这些领域的任一方面表现不佳呢？参与度或许难以衡量，因此被视为无形的软资产，但它却会对盈利能力或服务效益产生直接影响。这并不是可选可不选的要点。员工在拥有能激励人心的领导者后才能提升参与度。

这是我花费数百小时对许多团队领导者进行采访然后看他们演讲稿中要说的内容后产生的主要感觉。那 12 条原则是源自他们的智慧，并且我觉得有必要在此重复他们告诉我的一些事情。

与本书每个章节相关的人物观点如下……

第 2 章 用沟通来管理无形资产

丹拿将军，英国军队总参谋部前总参谋。“最终在于领导者的个性，全部都是与性格及诚信有关。企业的成功将由追随者、工人、步兵定义，他们会观察领导者并决定这是否是能够吸引他们的领导者，是否是他们愿意追随的人。他们对人的诚信的理解将会真正确定他们追随某人的热情程度。领导者是否值得信赖？是否将他们的最佳利益放在心上亦或是只对短期成功或是获得相应收益数据感兴趣？因此沟通与性格同等重要。”

汤姆·恩德斯，全球航天国防公司 EADS 首席执行官。“领导者必须站出来大声讲出真正重要的事情。这能够增强他们的可信度。这需要勇气，你需要在前面带队。若真想要激励他人，你需要信赖他们。在关于团队内信任的力量一书中，我发现有一句话能够很好地表达我的意思：‘我宁愿去信赖然后偶尔失望，也不愿意总是怀疑然后偶尔正确。’这显然不是说盲目信任，但你需要给予他人从而来释放公司中极大的创造力。当你分配了职责，当你真的信赖他人的工作，他们会受到极大的鼓舞。”

大卫·莫利，安理国际律师事务所高级合作人。“若你想要传达信息并影响他人的行为方式，即领导力的定义所在，那么就需要获得他人对你个人以及你所说的话的信任。若失去信任，批判就会乘虚而入。要影响挑剔的人或是对你或你的动机持批判态度的人很难。这种情况下，你有多擅长演讲并不重要——若人们不信任你，你可能也没有开口的机会。”

第 4 章 做更好的自己

维克多·阿德波维尔勋爵，医疗社保团队 Turning Point（译者注：公司名意思为转折点）主席。“领导力与管理之间的差别在于领导力包含对任务的情感投入，而管理则需要智力投入。优秀的领导者明白这点的重要性。但不幸的是，许多领导者完全不采用这种方式进行沟通，因为自己真的恐惧。他们害怕自己会被员工察觉其实他们自己并没有与目标建立情感练习。他们想要避免暴露自己。由于所有的沟通都包含风险，因此他们不想承担这一风险。他们害怕自己会被发现不真诚，或更有甚者，导致原本真诚的形象遭到否认。我认为沟通这一行为本身就是个风险，但不真诚的表现则风险风大。”

约翰·赫斯特，英国气象办公室行政主管。“若我想要鼓励他人，切记，若我不能激励自己，便无法鼓励他人。若我不能说服自己，并无法使他人信服。若我自己都感到不自在，便无法赢得别人的信任。”

第 5 章 展望：如何思考使命、价值观及未来

安东尼·班福德爵士，世界第三大建筑设备品牌 JCB 董事长。“使命与展望之间具有一定差别。使命是你一直在做的事，是你存在的理由。展望则是你在做的事情将会有多成功，而这个通常会以五年计划的形式呈现。这计划会被划分为年度目标，甚至月度目标、周目标。这计划需要与你的使命相辅相成。”

约翰·克诺里，德勤会计事务所前高级合伙人兼首席执行官，全球安保公司 G4S 董事长。“你要谈论未来的样子，如何实现这一未来，并且需要解释改变的情况。你需要与员工谈论在实现未来展望时他们发挥的作用，并确保他们看到自己有多么契合。你需要确保他们明白你的立场，为什么你所做的事情十分重要，以及大家如何从成功中获益。当人类相信自己、认可自己

所做的事以及工作方式时，他们会实现最佳的发挥。”

第 6 章 融合外部

斯图尔特·罗斯爵士，英国奥卡多在线超市董事长兼玛莎百货前董事长。“我们生活在如此迅速变化的世界，因此需要全天 24 小时永久动用自己的信息接收线，这肯定会难以为继。你需要将这个外部世界融入公司内部。”

保罗·波尔曼，国际快消公司联合利华全球首席执行官。“将顾客带入公司能够帮助大家明白公司的使命。接下来你需要做的就是点起星星之火，让它能够将员工的激情与强烈的使命感建立联系，便可正常运营了。这是推动高效团队的因素。”

第 7 章 通过对话提升参与度

克里斯托弗·根特爵士，全球医药公司 GSK 董事长。“要使员工参与其中并全力支持决策，你需要进行有力的辩论。这类对话可能需要花费比预计的更多的时间，但这样做后，最终决策的实施便能更加迅速、成功。”

皮特·切西，特许人事发展协会首席执行官。“赋权便是给予他人成功的空间，让他可以在你设置的范围内表现，并将他们与更高的短期目标和长期目标建立联系。因此，赋权需要给予信任以及大量的对话来推动成功的实现。”

科林·马修斯，BAA 行政主管。“员工与其直接管理者之间的沟通十分重要。若你将沟通看作一个蛋糕，公司中来自高层管理人员的沟通则像糖衣，真正的实质则在于一线管理人员与员工之间的讨论。糖衣太多，没有蛋糕，这样容易让人觉得发腻。领导者应该保证一线的管理人员具有相应工具与技能来与员工进行高质量的对话。领导力并不是自己在高层做的一些事情；公司处处都需要有领导者。”

尼克拉斯·杨爵士，国际红十字会行政长官。“让我们的志愿者与员工顺应改变是十分重要的事，因此我们会花时间询问他并与他们进行讨论。若了解他们的背景、知道并明白他们的问题，那么便更容易激励他们。只有通过这些对话，你才能够鼓励并支持他人实现目标。”

第 8 章 一切都与情绪相关：如何通过更关注人与行为来提高效率

科林·沙尔曼勋爵，Aviva 全球保险公司前董事长。“若你真的想要进行沟通，与受众建立联系，那么你便需要知道他们需要听到什么，他们来自哪里，并且你需要事先解决这些问题。你还需要用适当的语调与他们进行谈话。除非做到这两点，否则他们可能不会听你讲任何东西。你或许能够做出精彩的演讲，但是你的信息却无法传达。”

朱迪思·哈克特，英国健康安全部部长。“为沟通环节做准备意味着需要去了解你的受众的背景。他们是否会怀有敌意？是否感到害怕或充满不确定性？除非你提前了解这些情况，否则很难建立联系。比起在房间里努力克服这种负面的情绪，我始终会选择提前准备。这种做法十分有效，因为这会让人们觉得你十分清楚他们的情况。”

简·菲尼斯，英国独立警署投诉委员会首席长官。“你需要非常清楚受众是谁，你希望他们在听了你说的话后去做什么或怎么想，若他们这么做了会有什么益处。”

第 9 章 为什么需要努力倾听

阿米里亚·福塞特夫人，卫报传媒集团主席。“善于倾听的能力或许是领导者能拥有的最有效的沟通工具。善于倾听的人会带着真实的目的倾听。

他们听的不仅是字面意思，还有字里行间的意思。”

毛里斯·弗拉纳根爵士，阿联酋航空集团执行副董事长。“若领导者表现出对他人的尊重，那么他们也能够得到尊重。当员工觉得你考虑了他们的观点，他们就会尊重你。善于倾听不仅是指明白员工想要告诉你的内容，也包括你倾听时的面部表情。员工必须要觉得你在乎他们所必须说的内容。”

艾曼·阿斯法力，国际派法特石油公司集团首席。“鼓励员工向你汇报负面消息，这点很重要。你需要永远保持坏消息渠道的通畅。因为一旦阻断，那么一切都结束了。你需要营造让员工可以质疑你的氛围，并且准备好倾听这些质疑。根据长年的经验可知，当有人倾听时，员工们之后都可能会团结在某一决策后，即便这不是他们一开始所支持的观点。”

第 10 章 发送信号：激励或打击他人的非语言方式

理查德·格诺德，高盛首席长官。“领导力沟通定义可以很广，因为我们所说、所做的每件事，我们的行为方式以及展现的肢体语言都可以是沟通。优秀的领导者本能地知道什么时候该讲话，什么时候不该讲，如何把控自己，以及行为举止如何。员工总是依据高层管理者传达的信号，而领导者则总是处于透明的鱼缸中。有了互联网以及 24 小时全天候的监督，这个鱼缸的透明度前所未有。”

安东尼·杰肯斯，巴克莱银行首席执行官。“若走在银行里时，我总是皱着眉头、双手插兜里、弯腰驼背的，那么可能就会有担忧像野火一般迅速传遍整座大楼。你需要时刻对自己的形象保持关注。管理自己的情绪，以适当的方式进行疏导，而不是任由其发酵，这点十分重要。”

朱迪思·哈克特认为可见性有时能够传达十分具体的信号。“在与最高级别管理者谈话时，他们会告诉你健康与安全对他们来说十分重要，但是你却能够察觉一些信号清楚表明实际上他们并不这么想。若你问他们距上次去工厂过去多久了，那么他们可能就是‘额…… 额……’地回答不上来，然后一切就都明了了。言行不一致。所以领导者们一定要花时间去当面传达他们希望员工接收到的信号。”

第 11 章 用故事来鼓舞行动并塑造文化

尼克拉斯·杨爵士，红十字会。“会讲故事的团队是个健康的团队。我就十分热爱故事。它们着实是传达消息的有力方式，比数据或分析，或是幻灯片等方式更具效果。故事能够打动我，也能够打动团队中的员工。”

毛里斯·弗拉纳根爵士，阿联酋航空集团。“好故事结合可信的逻辑以及支撑性素材能够具有十分长远的效果。逻辑直击大脑，而故事则直击内心。”

大卫·莫利，安里国际律师事务所。“当员工自己解决问题时，信息则能得到更好的传达。发现的过程能够帮助他们加深记忆。比起从一系列干巴巴的观点中得出结论，根据自己的故事得出的结论则更有影响力。”

第 12 章 运用强有力的观点来支撑你

迈克·艾斯纳，迪士尼公司前董事长。之后成立了投资传媒娱乐企业的托曼德公司。“最佳的领导者总是具有强有力的观点。让我感到惊讶的是，总是那些具有有力观点的人能够影响他人、赢得当下。”

纳塔莉·西妮，金融监督服务机构首席执行官。“员工不会尊重缺乏观点的领导者。”

莫雅·格雷妮，英国皇家邮政首席执行官。“领导者需要在被要求就某事发表观点之前便形成相应的观点。在这个透明的世界担任领导者不是件易事。媒体可能会相当残忍，有时可能会漠视真相。无论是与媒体对话还是在公众场合发言，你必须事前从自己的立场出发考虑问题。现在，在热烈的讨论中，你便没有时间来思考形成自己的观点，因此必须事先完成。”

第 13 章 赢得公众舆论：为什么要时刻为公众平台做好准备

斯图尔特·罗斯爵士。“领导者需要胜任所有形式的媒体。你需要能够应对广播、电视、提前录制的节目、现场节目，或是录音棚的环境——这些方式十分不同，高层管理者必须知道如何应对所有的这些方式。不仅是首席执行官，整个高层管理团队都需要接受培训。”

克莱夫·伍德沃德爵士，前英国橄榄球联盟运动员，2003 年橄榄球世界杯获胜方主教练，后任英国奥林匹克委员会体育部主任。“做好妥当准备是使自己信息得以传达的关键。我过去的所有经验告诉我，越是更多地考虑自己的信息，便能越好地进行传达。就像任何体育运动：若你准备充分，便能很好地传达。并且，要时时考虑可能会遇到的问题，并做相应准备。”

第 14 章 为什么言语比其他表达更具说服力

约翰·史蒂文森，科克维尔平顿史蒂文森男爵，于 2000 年至 2005 年任伦敦首都警局长官，现为战略情报及风控公司监控任务有限公司行政董事长。“身居高位的领导者需要检查自己所讲的每一个词。在领导长达两年并最终致使 90 人定罪的北爱尔兰的勾结案时，那是当时最高级别的犯罪案件。我很快便意识到我说的每个词都很重要，都会在整个北爱尔兰回想。”

菲利普·格林，水资源公司联合公共事业公司前首席执行官。“无论你是否愿意，员工都会抓住你的每一个词，而你所说的话比你想象的以及比起它们本应有的效果要更具影响力，但要充满激情并注意信息则需要极高的技能。这不仅需要极高的技能，同时需要大量的练习。”

第 15 章 需要参与社交媒体的六大理由

阿米里亚·福塞特夫人，卫报传媒集团董事长。“大多数沟通与脸书、推特、博客以及这个全天 24 小时不停歇的新闻世界并未契合。《卫报》的一位记者博客粉丝达 75 万人。《卫报》的发行量为 36.5 万册。若知道如何与这类网络结合，那将带来极大的效果。”

凯文·比斯顿，英国最大建房公司泰勒温佩公司董事长。“现在，所有的人都随身携带摄像。每个人的手机都带有录音或摄像功能，因此不能放松警惕。犯一个小小的错误，你便无法逃脱它的阴影。但是，反过来说也对——若能够很好地掌控环境，你便有更多传递信息、建立品牌的方式。强大的品牌可能是公司具有的最重要的竞争优势。若能够有效管理，便能够成为股东价值的重大助力。”

第 16 章 你的领导激励值是多少

克里斯托弗·根特爵士认为对企业的沟通培训仍不够重视。“不仅领导者需要确保他们自己能够面对各种形式的沟通，同时他们也要确保自己身边的高级管理人员也能够获得相应的专业支持。他们应该也要保证自己能够在整个团队中营造出更好的沟通氛围。良好的沟通是成功的关键。”

克里夫·伍德沃德爵士曾提出过“T – CUP”的说法——及压力之下正确思考（thinking correctly under pressure 的首字母缩写）。“这适用于体育、公司、适用于沟通，适用于你做的所有事情。这是冠军的最佳定义——冠军便是面临最大压力时也能够正确思考的人。要做到这点，需要练习。”

资深的领导者如何评价自己

当我采访这 70 名领导者时，我清楚地意识到这些是我见过的最资深的人，许多人都已工作五十多年。我请他们每个人按 0 到 10 给自己的沟通技能打分。

而他们不可避免地达到了平均 7，与前面提到的做激励值测试的领导者得分相同。我认为这一分数并没有什么用处。它表明：“谦虚阻止了我给自己打更高的分数，我应该给自己留点进步的空间，但仍要给自己一个好的分数。”这意味着我需要进一步探索：“这些情况下你会给自己打高分还是低分，是什么造成了这一不同？”

这样一来，我便获得了更多样更具意义的答案。他们说每天情况各有不同。有时，他们会给自己打到 2 分，而有时则会给自己打满分。到底是什么造成了如此巨大的差异呢？

当他们给自己打 2 分时，他们可能运用了训练的所有专业知识以及舞台效果将台词完美地传达，但他们却没有与观众进行交流或使其参与进来。另一方面，在给自己打满分的时候，他们可能出现结巴、喷口水，甚至是出现重复台词等失误。但他们能够感受到与观众之间形而上学的联系。他们能够与室内的情绪产生共鸣，并对关键的问题进行处理，鼓励他人投身到自己的事业中。他们可以看到自己的话语在目标受众中激起了正面效果。

经验教训？优秀的沟通不仅仅只是完美的演讲，而是与共鸣、联系、吸引相关，与打动他人相关，与你给这些人带来的感受相关。沟通并不是独白，而是对话。不是说光看起来具有激励性——而是真正使他人获得鼓舞。

基于这一基础，我相信每一位领导者都想成为更具激励性的领导者。要做到这点，他们需要说明清晰的使命感，为他们的领导力提供“真北”。他们还必须学习更专注的倾听，成为更老练的对话者，并将自己的个性更多地融入自己的领导，需要更以受众为中心，并学习如何讲故事。

我采访的这 70 位领导者明白——我希望你也能够明白——沟通不是仅为提供信息，你的沟通是为了激励他人。因此，做一个会沟通的领导者。

致 谢

首先，我想感谢您购买了本书，希望它能够帮助你成为更具激励性的领导者。

感谢为我的第一本书和这本书抽出时间并提供观点的所有领导者。希望我已如实地表达了各位的观点。

感谢我的女儿，克斯汀·卡兹布斯卡帮我找到了书中图表所采用的字体。（让我惊讶的是，这是我自己的手写体。若你对这些事务感兴趣，则可以登录 www.myfonts.com 创建属于自己的字体。）

衷心感谢娜塔莉·史密斯，感谢她耐心并创新地将我手绘的图表转为现在呈现在书中的形式。

我要特别感谢乔纳森·阿德勒，他阅读了每个章节，并对哪些信息有用哪些信息没用提供了宝贵的意见与建议。他的观点源于我们共事的实际经验，运用书中的相应方法来为我们共事的领导团队提供建议。

另外，我要尤其感谢 Kogan Page 出版社长久以来对我的信任，尤其是马修·史密斯、海伦·高根和南希·华里斯。

再次感谢我勤奋的助理维奇·史沃斯，感谢他（再次）为我的手稿提供了宝贵的帮助。

最后，我想感谢我的妻子莉兹，感谢你的支持、鼓励、校对，并且在我自私地专注于这本书的时候承担了许多的责任。你也将永远是我的灵感缪斯。